ESTUDA QUE A VIDA MUDA

AJUDANDO A MUDAR O DESTINO DE UMA GERAÇÃO

ALEX OLIVEIRA

Sumário

Agradecimentos

Esse livro é dedicado em especial a minha família, que sempre me apoiou em todas as circunstâncias. Sem vocês, nada seria possível!

Também não poderia deixar de agradecer por todos os ensinamentos ao meu amigo, professor e mentor, Júlio Guilherme Silva: obrigado por tudo!

Agradeço ao meu amigo – de quatro patas – inseparável: *pug Waldick*. Ele é praticamente coautor desse livro.

Em geral, agradeço a todos que, de alguma forma, ajudaram a me tornar a pessoa que sou hoje.

POR QUE EU ESCREVI ESSE LIVRO?

Desde moleque eu sempre gostei de escrever. Escrevia poemas, versos, cartas, dentre outras coisas.

Só que paradoxalmente a isso, eu não gostava muito de estudar – isso por volta dos meus 12-13 anos de idade.

Agora me diz: o que poderia sair da cabeça de um adolescente que gostava de escrever, mas não gostava de estudar?

Isso mesmo, só um monte de besteira. Mas mesmo assim eu escrevia.

Na maioria das vezes eu escrevia no meio das minhas "viagens mentais" ou nas redações da escola – que eram péssimas por sinal.

No meio dessas "viagens", tinha um pensamento que sempre aparecia no meu roteiro:

"Eu quero ter uma vida melhor."

Cara, eu fui nascido criado na baixada fluminense, uma das áreas mais populosas e pobres do Rio de janeiro.

Como você acha que um moleque pobre, nascido e criado na baixada, pensa em melhorar de vida?

Naquela época, 9 em cada 10 crianças queriam ser jogadores de futebol.

Era o sonho de ser um Romário, um Bebeto, ou, com muito talento, quem sabe um dos Ronaldos (gaúcho e fenômeno). Muitos até conseguem. Pera aí, mentira. Poucos conseguem!

Eu até tentei ser jogador, mas não deu certo.

Então tive que buscar outra opção:

Eu decidi estudar!

Só consegui colocar em prática de verdade essa decisão, quando eu entrei na faculdade, em 2006.

Até então eu levava a escola sem compromisso nenhum – bem coisa de adolescente.

Fazia o básico para "passar de ano".

Naquela época eu trabalhava em comércio, então não tinha essa de sábado, domingo ou feriado. Todo dia era dia de trabalho.

Eu não queria aquilo pra minha vida. Não estava feliz.

Então vem aquela velha história: **se não está satisfeito, mude.** Por isso eu decidir fazer faculdade.

Eu achava que se conseguisse ter ensino superior, poderia largar a loja e trabalhar com algo que eu realmente gostasse e me desse mais retorno financeiro.

Mas o que realmente eu gostava?

Essa era uma pergunta que nem eu sabia responder direito.

Eu sempre fui apaixonado por futebol (hoje um pouco menos), daqueles que assistia o mesmo jogo duas ou três vezes – perdi as contas do número de vezes que assisti a final da copa de 1994.

Pensei: já que não fui jogador de futebol, que tal trabalhar com futebol?

Era uma opção que me agradava bastante.

Mas como?

A primeira coisa que veio na minha cabeça foi: vou fazer um curso de educação física.

Só que naquela época, parecia que TODO MUNDO que estava saindo do colégio ia fazer educação física.

Não achei isso maneiro.

Logo lembrei das palavras da minha mãe quando eu pedia pra fazer algo que todo mundo estava fazendo:

"Você não é todo mundo!"

Então descartei a educação física e continuei com a dúvida de qual curso fazer.

Nessa de ficar na dúvida, um semestre já havia passado.

Eu tinha que me decidir.

Enquanto maior galera já tinha entrado na faculdade logo no primeiro semestre de 2006, eu tive que entrar no segundo por conta dessa indecisão.

Não tenho dúvidas que **ação é melhor do que planejamento.**

Mas nesse caso, eu fiz bem em pensar um pouco mais e não seguir a *boiada*.

Então, eu lembrei de um fato que me marcou muito.

Um pouco antes da copa de 2002, no Japão, um dos jogadores que eu mais admirava era o Ronaldo fenômeno.

Cara, quando ele sofreu aquela lesão em 2001, jogando ainda na Internazionale (ITA), foi uma das paradas mais tristes da minha adolescência.

Um dos melhores jogadores do mundo, o que eu mais admirava como atleta, estava caído no gramado chorando copiosamente como se fosse uma criança.

E o pior: com grandes chances de não jogar a copa do mundo no ano seguinte.

Então eu passei a acompanhar tudo que se falava na mídia a respeito de sua recuperação, e vi que em praticamente todos os momentos ele fazia **fisioterapia**.

E foi naquele momento que eu conheci uma profissão que até então não conhecia: a de fisioterapeuta.

Achei demais!

O cara passou mais de quinze meses se recuperando, voltou a jogar e, em 2002, vocês já sabem o que aconteceu: Brasil pentacampeão do mundo com show de Ronaldo fenômeno!

Pensei: é isso que eu quero pra minha vida, ajudar pessoas a se recuperarem e dar a volta por cima.

E lá fui eu para o curso de Fisioterapia.

No primeiro dia de aula, após o discurso do coordenador, eu pensei: "Essa é a oportunidade que eu tenho de mudar de vida!"

Eu não tinha perspectiva de nada. Não tinha pais com grana pra bancar meus sonhos. Não gostava do meu trabalho.

Então era: vencer ou vencer.

Decidi me dedicar todo santo dia. Não tinha desculpas. Não tinha *migué.*

Se era a chance que eu tinha para melhorar de vida, eu tinha que me dedicar de verdade!

Resumindo: tive um ótimo desempenho na faculdade, ganhei bolsa na pós-graduação por ter um dos melhores coeficientes de rendimento (CR); fui contratado pela faculdade na qual me formei para ser supervisor de estágio com dois meses apenas de formado; passei em alguns concursos públicos; terminei a pós-graduação; fiz mestrado; me tornei especialista na minha área de atuação; sou empresário; pesquisador; palestrante; professor; escritor......ufa!

Tem mais coisa aí, mas a ideia não é ficar colocando o currículo *lattes* aqui.

Ah, também é bom deixar claro que muito menos é pra ficar me gabando.

Quem me conhece sabe que uma parada que não tenho é vaidade acadêmica.

Um diploma de mestre, doutor, ou qualquer outro, não faz você melhor do que ninguém. Se liga nisso!

Enfim, nada disso aí que eu consegui fazer foi fácil. Não mesmo.

Sem falar que tive muita gente boa que me ajudou em vários momentos ao longo dessa trajetória – vou falar mais sobre isso no decorrer do livro.

E na boa, graças a Deus eu não me tornei jogador de futebol.

Por meio do estudo, a minha vida mudou completamente!

Mas por que afinal eu escrevi esse livro?

Primeiro: porque era um desejo que eu tinha e não ia morrer sem realizar.

Segundo: pra demonstrar que qualquer pessoa pobre, sem suporte social, sem uma família instruída, sem incentivo, pode melhorar de vida estudando – assim como eu consegui.

Terceiro: pra continuar com o meu propósito de ajudar pessoas!

Quero deixar claro que quem está escrevendo aqui não é nenhum milionário – financeiramente falando –, beleza?!

Ainda não (torça por mim!).

Mas pode ter certeza que é um cara que hoje, felizmente, consegue ter uma vida feliz, digna e próspera.

E olha que não estou falando só de coisas materiais. Estou falando de ter uma vida melhor no geral.

Ser uma pessoa mais instruída. Mais espiritualizada. Mais inteligente emocionalmente e financeiramente. Mais saudável fisicamente. E por aí vai....

Sabe uma outra coisa que me motivou a escrever esse livro?

Foi olhar para o lado e ver poucos dos meus amigos de infância na mesma condição que eu.

Ver que muitos estagnaram no tempo e não conseguiram realizar aqueles sonhos de moleque que tínhamos.

E o pior: ver que muitos optaram pelo caminho "mais fácil" do crime e hoje nem sequer estão mais entre nós.

Na boa, dá maior dor no peito ver quanta gente boa se perdeu nesse caminho.

Vou contar uma história rápida pra você.

Quando era moleque, na rua em que eu morava (praticamente em frente à minha casa), tinha um maluco que era uns dos caras mais engraçados que eu já vi na vida!

Sério, esse maluco tinha tudo pra ser um dos melhores comediantes do Brasil! Dava de mil a zero em todo elenco do *zorra de total*.

Na roda da rapaziada, não tinha um que não morria de rir com as dancinhas que ele metia ou com os bordões que ele inventava quando estava na *vibe do Bob Marley* (me entende, né?!).

Mas o destino dele não foi os palcos de *stand-up comedy* nos teatros do Rio de Janeiro. Muito menos os programas de comédia na televisão.

Assim como muitos outros, ele acabou optando pelo "fácil mundo do crime."

Era um cara que poderia ter sido tudo, mas resolveu ser nada.

E acabou encerrando sua participação nesse mundo, agora em 2017, com um tiro de doze no peito.

É meio melancólico e triste, né? Mas fazer o que, é a dura realidade.

Esse foi só um exemplo de tantos que eu poderia dar.

Muitos outros que tinham tudo pra se dar bem na vida, mas não conseguiram.

Impressionante como as pessoas não acreditam em si mesmas.

Se entregam nas primeiras derrotas e se conformam com a opção de fazer o "mais fácil".

De fazer o que todo mundo faz "porque não tem outro jeito".

Alguns colegas e amigos que tinham até muito mais potencial que eu, mas que estagnaram na vida e se contentaram simplesmente em sobreviver.

Trabalham com algo que não gostam.

Vivem com pessoas que não suportam.

Mantêm-se em relacionamentos infelizes.

Vivem de aparências.

Tudo isso porque desistiram de seus sonhos e escolheram "aceitar as coisas como elas são".

Ou pior, continuam fazendo as mesmas coisas e esperando que os resultados sejam diferentes.

Cara, isso é **insanidade.**

Me diz você: é para isso que a gente veio a esse mundo?

Eu me recuso a aceitar isso.

A vida é muito boa para ser vivida dessa forma. Acredito que toda pessoa tem o direito de ter uma vida melhor.

E pra isso, **não vejo caminho mais independente e prazeroso do que pela estrada do conhecimento.**

Esse livro é o incentivo que faltava pra você largar de "*mimimi*", correr atrás dos seus sonhos e melhorar definitivamente de vida!

Vou contar pra você um pouco do que eu fiz pra desviar do conformismo social que me cercava e **mudar minha vida**.

Quando comentei com algumas pessoas próximas que queria publicar um livro contando um pouco da minha história para incentivar outras pessoas, ouvi alguns comentários encorajadores e outros, nem tanto, como:

"Escreve sim cara. Você é maior exemplo pra gente!"

"Sério?! Vai com tudo, irmão!"

"Você está escrevendo um livro? Tu é pica mesmo!"

Percebeu que eu só coloquei os comentários encorajadores?

Pois é, foi de propósito.

Porque é exatamente isso que você tem que fazer com quem tenta te colocar pra baixo ou tenta fazer você desistir dos seus sonhos: **ignorar.**

Simplesmente ignore.

Eu ignorei e está aqui o resultado – assim como fiz muitas outras vezes ao longo da vida.

Faça o que tem que ser feito por você e para você, não pelos outros.

Pra você ter noção, eu escrevi esse livro em 3 semanas, durante as minhas férias.

Comecei no dia 26/12/2017 e terminei no dia 16/01/2018.

Tem gente que vive uma vida inteira e não consegue escrever um livro, não é verdade?

Mas sabe por que eu consegui tão rápido?

Porque eu estava motivado e determinado a conseguir, por saber que esse livro pode ajudar você e outras pessoas a mudarem suas vidas.

Se eu conseguir ajudar uma a cada dez pessoas que lerem esse livro, vou ficar feliz pra caramba!

Vai ser tipo: "valeu mundo, to fazendo a minha parte e melhorando a vida de alguém!"

Espero que você goste do livro e que esse seja o primeiro de muitos!

POR QUE VOCÊ DEVE LER ESSE LIVRO?

Imagina esse livro como um "portal de transformação", no qual você entra e sai do outro lado como uma nova pessoa.

Fui meio pretensioso, né?

Mas é exatamente isso que ele pode ser. Basta você querer.

Aqui eu coloquei várias dicas e hábitos que podem te ajudar a transformar sua vida, assim como eu transformei a minha.

Aqui, vou te mostrar como você pode aprender e ser o que quiser, "simplesmente" estudando.

Quer ser mais saudável fisicamente e mentalmente?

Quer ter mais inteligência emocional e financeira?

Quer ter mais autoconhecimento?

Quer aprender a estudar de forma mais produtiva?

O livro foi divido em 16 capítulos que abordam de forma bem simples e objetiva todos esses assuntos.

Eu fiz questão de demonstrar que estudando você pode melhorar praticamente todos os aspectos da sua vida: físico, emocional, intelectual, social e financeiro.

Obviamente que nem tudo que deu certo pra mim, pode dar pra você.

Mas aí que tá o "pulo do gato!".

Mesmo que você não consiga aplicar na sua vida todas as dicas e hábitos que eu coloquei no livro, ao terminá-lo, você vai ter a capacidade e a autonomia pra buscar isso sozinho!

E esse é o meu maior objetivo com esse livro: fazer com que você crie asas para voar em busca de todos os seus sonhos.

Vamos começar!

CAPÍTULO 1:
VOCÊ SÓ PRECISA SABER LER

"A leitura te proporciona independência e liberdade para aprender o que você quiser." (Alex Oliveira)

Quando a gente fala em estudar, as pessoas logo pensam em fazer faculdade, pós-graduação, mestrado, doutorado ou passar em um concurso público.

Confesso que eu fiz praticamente tudo isso aí, com exceção do doutorado (por enquanto).

Mas estudar é muito mais que isso.

Me atrevo a dizer que as coisas mais importantes que aprendi para a minha vida pessoal, até hoje, não foi na faculdade, nem na pós-graduação e, muito menos, no mestrado.

Muita coisa - mas muita coisa mesmo - tanto na vida pessoal quanto na profissional eu aprendi estudando sozinho.

Estudar significa "procurar adquirir conhecimento sobre algo".

Aí você me responde: nos dias de hoje alguém precisa fazer faculdade para adquirir conhecimento sobre algo?

Com certeza não. O acesso a informação é muito fácil hoje em dia.

Em segundos você faz uma busca no Google e pronto: centenas de páginas sobre o assunto pesquisado.

Mas, se você sonha em ter uma profissão como médico, psicólogo, engenheiro, arquiteto, fisioterapeuta (a melhor) ou qualquer outra que, por lei, necessite de ensino superior, você realmente vai ter que fazer uma graduação.

Se você vai optar por fazer uma faculdade, um curso técnico ou estudar sozinho para aprender sobre um determinado assunto, não importa.

O importante mesmo é você se dedicar de verdade. Tem que estudar de verdade!

Você acha que estudar somente para tirar uma boa nota na prova vai ser o suficiente para você ter sucesso na sua carreira?

Claro que não.

O que os professores passam na sala de aula não é um terço do que você vai ver no dia a dia profissional.

A maioria dos alunos não saem aptos para o mercado de trabalho das universidades porque se limitam a estudar somente para a prova.

Eu trabalho no meio acadêmico a mais de sete anos. Boa parte desse tempo, fui supervisor de estágio do curso de fisioterapia em uma instituição privada de ensino superior tradicional do Rio de Janeiro.

O estágio, em qualquer profissão que seja, deve servir como fonte de aprendizagem prática para o aluno. Mas para isso, é necessária uma base teórica sólida.

Que, teoricamente, deve ser adquirida em sala de aula, certo?

Parcialmente certo.

Eram comuns situações em que eu ouvia alunos dizendo: "Mas eu nunca vi isso em sala de aula!"; "O professor fulano não deu isso!"; "Primeira vez que ouço falar nesse assunto!".

Ou seja: os alunos transferiam a culpa da falta de base teórica para o professor. Sempre é mais cômodo culpar o outro do que assumir a responsabilidade, né?

Como se fosse possível, para o professor, falar tudo sobre todos os assuntos.

Mas pergunta quantos desses mesmos alunos pegaram um livro para estudar fora de sala de aula?

Quantos estudavam além da matéria passada em aula?

Poucos, pouquíssimos, assustadoramente uma minoria.

Não estou dizendo que professores não são importantes e que o aluno tem que aprender tudo sozinho, de forma alguma – até porque eu sou professor e valorizo muito isso.

O professor tem a missão de tentar transmitir o máximo de conhecimento possível para os seus alunos.

Ele também tem que planejar a aula com os conteúdos mais relevantes da área, sem dúvidas.

Mas, por melhor que seja a sua universidade ou professor, se você quiser realmente preparar-se para ter sucesso, vai ter que estudar muito por conta própria.

Não tem mistério, é simples assim.

Você tem que investir em conhecimento.

E o que você precisa pra isso? Você só precisa saber ler.

A leitura possibilita um universo infinito de aprendizado.

Sobre tudo que você queira aprender, busque ler algo sobre o assunto.

Leia um livro. Leia um artigo. Leia um blog de algum especialista. Leia uma biografia de alguém que já realizou aquilo que você deseja realizar. Leia!

Vou te dar um exemplo da minha vida.

Um pouco antes de começar a escrever esse livro, eu estava totalmente desorganizado financeiramente.

Não estava endividado, pois sempre fui bem controlado quanto a isso.

Mas eu não sabia pra onde o meu dinheiro estava indo.

Até nos meses que eu ganhava mais que o esperado, não sobrava nada para poupar e em algumas vezes até faltava para terminar o mês.

Decidi que era hora de me organizar financeiramente.

O que eu fiz então?

Fui fazer faculdade economia, claro.

Claro que não!

Comecei a pesquisar sobre educação financeira.

Essa pesquisa me fez chegar em livros como: *"Pai Rico, Pai Pobre"*, do *Robert Kyosaki*; *"Os segredos da mente milionária"*, do *T. Harv Eker*; e *"O homem mais rico da babilônia"*, do *George S. Clason*.

Li esses 3 livros em um mês. Recomendo que você leia também – depois desse aqui, claro.

E sabe qual foi o resultado dessas leituras?

Eu nunca estive tão organizado financeiramente em toda minha vida, como estou agora.

E com certeza aprendi coisas que ninguém na faculdade – e muito menos na escola – me ensinou.

Até investidor eu virei!

Mas deixa isso pra depois – vamos voltar nesse assunto no capítulo sobre "**inteligência financeira**".

Resumindo, nesse primeiro capítulo eu quero dizer a você que:

A leitura te proporciona independência e liberdade para aprender o que você quiser e evoluir em todos os aspectos da sua vida!

Nos próximos 2 capítulos, eu vou te dar mais alguns exemplos de como a leitura pode mudar a sua vida.

CAPÍTULO 2:
ENSINAMENTOS QUE APRENDI LENDO - PARTE 1

"Tudo passa." (Vida)

Gosto muito de ler. Muito mesmo! Já li muitos livros até hoje, especialmente nos últimos meses – li 9 livros nos últimos três meses e estou lendo mais um enquanto escrevo esse.

Tem uma fila na minha escrivaninha de pelo menos dez livros pra eu ler nos próximos três meses – no máximo.

Sem falar que sou professor, né?! A leitura faz parte da minha vida, literalmente.

Mas vou destacar dois livros que realmente foram determinantes na minha vida – tarefa difícil.

E o mais legal, é que um não tem nada a ver com o outro e eu os li em um intervalo de tempo de quase dez anos.

O primeiro foi o livro *"O vendedor de sonhos e a revolução dos anônimos"*, do autor *best-seller Augusto Cury* – que eu sou muito fã.

Esse livro eu li em 2009, quando estava ainda na faculdade.

Esse livro me trouxe alguns ensinamentos que eu abracei e decidi levar comigo pro resto da vida!

Vou tentar listar pra você, brevemente, três ensinamentos que eu aprendi nesse livro e carrego sempre comigo.

1 – Ser menos ansioso e deixar de criar expectativas.

Você não faz ideia de como eu era ansioso.

Se alguém me falasse que ia ver um emprego "bom" pra mim, por exemplo, eu criava uma expectativa do caramba e ficava aguardando ansiosamente pela resposta.

Conclusão: se o emprego não vinha, eu me decepcionava e ficava *abatidão*.

O Augusto Cury fala muito nesse livro sobre isso – acho que ele fala em quase todos os livros dele sobre isso.

Sobre evitar o excesso de futuro (ansiedade) e viver mais o presente.

Então eu aprendi que realmente *é melhor se surpreender do que se decepcionar.*

Hoje em dia sou *tranquilão* quanto a isso.

Até fico ansioso com algumas paradas, mas raramente crio expectativas.

Até porque, eu sempre mantenho o **pensamento positivo** que no final tudo dá certo.

2 – Tudo passa.

Já reparou a tatuagem que o Neymar tem?

Ele tem uma *tatoo* no pescoço escrito exatamente isso: "**tudo passa**".

Se até ele que, teoricamente, vive diariamente a vida dos sonhos que muita gente gostaria de ter, acha que **tudo passa**, imagina se eu não vou achar? **Tudo passa.**

Eu não tenho escrita no corpo igual a ele, mas tenho essas duas palavras tatuadas na mente.

Sério, a partir do momento que eu comecei a entender que realmente **tudo passa**, eu passei a ser muito mais consciente em lidar com todas as situações.

Geralmente quando falamos que **tudo passa**, as pessoas só pensam em coisas ruins.

A menina terminou o namoro: *"Ah, não fica assim não, isso passa."*

Alguém perdeu algum parente ou amigo querido: *"Vai doer agora, mas uma hora essa dor vai passar".*

A ideia de entender que tudo passa é você saber que:

> *"A existência é cíclica. Não há aplausos que durem para sempre e nem vaias que sejam eternas."* Augusto Cury

Ou seja: você tem que ter os pés no chão e saber que momentos bons e ruins vão acontecer, não tem jeito.

Isso é privilégio dos vivos.

Só não tem problemas que não está mais entre nós – e olha que eu nem tenho tanta convicção disso.

A grande questão é não se desesperar quando você estiver passando por momentos ruins, pois eles vão passar.

Assim como não se deixar levar pela euforia dos momentos em que tudo está dando certo, pois estes também vão passar.

Agindo assim, você consegue evitar muito sofrimento desnecessário. Vai por mim.

3 – Você é o responsável pela consequência de suas escolhas.

A partir do momento que eu coloquei isso na minha cabeça, eu me tornei realmente outra pessoa.

No geral, a maioria das pessoas adora colocar a culpa de tudo que não dá certo no outro, não é verdade?

Isso é realmente mais fácil.

Mas lembra sempre de uma coisa:

Nem sempre o mais fácil a se fazer é o que deve ser feito.

Gosto muito da frase do campeão mundial de levantamento de peso *Jerzy Gregorek*:

"Escolhas fáceis, vida difícil. Escolhas difíceis, vida fácil."

Não vou falar muito desse cara não, mas o cara é sinistro.

Saiu refugiado da Polônia em 1986 para os Estados Unidos, com uma mão na frente e outra atrás e, mesmo assim, ainda conseguiu ser quatro vezes campeão mundial de levantamento de peso.

Vale à pena ler um pouco sobre a história dele depois, é inspiradora.

Então vou sintetizar esse último ensinamento – que também não aprendi na escola e muito menos na faculdade.

Você raramente vai conseguir mudar sua vida escolhendo fazer sempre o "mais fácil".

Se suas escolhas deram certo, o mérito é seu.

Se suas escolhas deram errado, a culpa também é sua.

Assuma o controle da sua vida. Seja protagonista da sua história. Pare de culpar o mundo pelas coisas que dão erradas.

A partir do momento que você sair do banco do carona do carro chamado **sua vida**, e passar para o lado do motorista, você quem vai definir o caminho.

Caroneiro não escolhe caminho, só acompanha o dos outros.

E aí, vai continuar sendo levado no banco do carona ou vai assumir o volante?

CAPÍTULO 3:
ENSINAMENTOS QUE APRENDI LENDO – PARTE 2

"A leitura te proporciona independência e liberdade para aprender o que você quiser e evoluir em todos os aspectos da sua vida!" (Alex Oliveira)

O segundo livro que foi muito marcante pra mim – e que inclusive foi o responsável por eu tomar vergonha na cara e escrever esse – foi o *Hackeando Tudo*, do *Raiam Santos*.

Como eu disse, eu li os dois livros (*O vendedor de sonhos e o hackeando tudo*) em um intervalo de tempo de quase dez anos.

Um em 2009 (o vendedor de sonhos) e o outro agora, em setembro de 2017.

O livro do Raiam me fez despertar para um monte de coisas.

O maluco colocou uma quantidade absurda de informações importantes, capazes de mudar a vida de várias pessoas, em um livro de 143 páginas, tem noção?

Eu li o livro em duas horas.

A linguagem simples e sem frescura – que eu uso nas minhas aulas inclusive –, fez o texto fluir de uma forma tão natural que quando eu vi, já tinha acabado.

Fiz um resumo dos principais *hacks* (hábitos) que ele colocou no livro e hoje aplico vários na minha vida.

O cara estudou dezenas de personalidades bem-sucedidas, compilou os hábitos que a maioria deles faziam e colocou no *hackeando tudo*. Simples assim.

Simples? Simples nada.

O maluco teve que estudar pra caramba. Ler pra caramba. Dedicar horas escrevendo...

Isso tudo me fez ter maior respeito e admiração por ele.

Se tem uma coisa que eu tenho, é respeito e admiração por quem trabalha duro!

Por quem *"vai lá e faz!"*

Resumindo: o *hackeando tudo* fez eu tomar vergonha na cara e finalmente começar a mudar um monte de coisas que eu não estava satisfeito, além de começar a fazer muitas outras coisas que estava deixando pra depois – inclusive escrever esse livro.

Vou dar um exemplo rápido.

Eu estava "sem tempo" pra fazer exercícios porque estava (estou) trabalhando na maioria dos dias de 08:00h as 22:00h – durante o dia atendo pacientes e a noite dou aula na faculdade.

Eu acordava todo dia as 06:30h pra trabalhar.

O que eu fiz então? Passei a acordar as 06:00h.

Acordo as 06:00h, levo o *Waldick* (meu *amigo de 4 patas*) pra passear e ainda faço meus exercícios matinais.

Uma coisa que eu percebi nesse processo, é o quanto os cães fixam rápido um hábito.

No terceiro dia, enquanto eu ainda estava lutando contra o sono e a preguiça na hora de acordar, o *Waldick* já estava do lado da cama me esperando levantar.

E todo dia é assim agora.

Ai de mim se tentar dormir mais, acordo com um *pug* de cara amassada lambendo meus pés.

Então fica a dica aí: tenha um amigo de quatro patas.

Eles realmente são os melhores amigos do homem!

Confesso que no início era bem difícil acordar – ainda mais indo dormir 00:00h ou mais quase todo dia.

Mas como você já sabe, as coisas que mais vão fazer a diferença na sua vida não são as fáceis, né?!

Além desse hábito, implementei vários outros.

Agora eu leio todo dia em horários pré-determinados por mim.

Agradeço por tudo todo dia.

Escrevo todo dia.

Hoje, por exemplo, é véspera de natal e aqui estou eu escrevendo.

Então, deixo aqui minha gratidão ao *Raiam Santos* e ao *Augusto Cury* por terem ajudado a melhorar a minha vida por meio de seus livros.

Viu como **só é preciso saber ler** pra aprender um monte de coisas úteis pra sua vida?

Se você não tem o hábito de ler, basta começar.

Comece com textos simples e curtos diariamente.

Com o tempo você vai passando para textos maiores e mais complexos.

Você não precisa ler um livro em um dia, vai com calma e no seu tempo.

Planeje-se antes de começar a ler algo e veja a mágica acontecer.

Eu acabei de fazer isso.

Lembra o livro que eu disse que estou lendo?

Então, quero termina-lo hoje.

Fui lá, vi quantas páginas faltavam (93) e como eu faria para matar essas páginas hoje.

O que eu fiz?

Li tudo de uma vez para acabar logo, claro.

Claro que não!

Dividi essas 93 páginas em 5 blocos de 20 minutos, que deu aproximadamente 18 páginas e meia por bloco.

Ou seja: vou matar o livro em 1 hora e 40 minutos.

Só que é muito mais produtivo – pelo menos para mim – que esse tempo seja fragmentado, do que ficar 1 hora e 40 minutos sentado com a bunda na cadeira.

Pode ser que para você – que está iniciando o hábito da leitura – quase 20 páginas em 20 minutos seja muito.

Mas é como eu disse, vai no seu tempo.

Uma página? Um parágrafo? Uma linha?

Não importa.

Mas **crie o hábito de ler algo produtivo diariamente**. Algo que vai tornar sua vida melhor. Algo que pode mudar sua vida.

Troca cinco minutos de navegação no *Facebook* – que na maioria das vezes não acrescenta em nada na sua vida –, por cinco minutos de leitura sobre algo que você queira aprender.

É importante que você entenda que nem tudo que você estuda é aplicável a sua realidade.

Não é pra ficar bitolado e querer fazer tudo que os outros fazem.

Você tem que ser ávido por conhecimento, sempre.

Mas, tem que ter o discernimento pra entender quais informações podem realmente ser úteis na sua vida – seja na vida pessoal ou profissional.

Não é porque funciona pra mim acordar as 06:00h, que vai funcionar pra você.

Cada um tem que aprender a definir o que é melhor pra sua vida. Não tem receita de bolo.

Por exemplo, Albert Einstein não dormia menos de 10 horas por dia.

Já Thomas Edison, achava o sono um desperdício de tempo e dormia cerca de 2 a 4 horas por dia.

Ambos foram gênios!

E apesar de hoje a ciência saber dos benefícios do sono para a saúde, Thomas Edison morreu com 84 anos e Albert Einstein com 76 – mesmo o segundo tendo dormindo muito mais que o primeiro.

Então, falando de forma quantitativa, Thomas Edison viveu muito mais que Einstein, né?

Não só pelos anos, mas também pela quantidade de horas acordado.

Só fiz essa viagem pra mostrar a você que cada ser humano é único, então não tem muito essa de certo e errado – óbvio que existem algumas coisas que funcionam mais e melhor que outras.

Mas o ideal é você buscar fazer aquilo que se adapte melhor as suas condições, necessidades, metas e expectativas.

O importante é você buscar fazer alguma coisa pra mudar a sua vida.

Sair da zona de conforto. Mexer-se. Movimentar-se. Sair do conformismo.

Ou seja: dar seu jeito!

Bota uma coisa na sua cabeça: **se você não fizer, ninguém vai fazer por você!**

Então, mais uma vez, lembre-se:

A leitura te proporciona independência e liberdade para aprender o que você quiser e evoluir em todos os aspectos da sua vida!

CAPÍTULO 4:
QUALQUER PESSOA PODE SER INTELIGENTE
"O ser humano é o que ele acredita." (Anton Tchecóv)

Você acredita que uma pessoa inteligente nasce inteligente?

Eu não.

Até tem os caras que são superdotados, mas esses são raras exceções.

Acredito totalmente que **a inteligência é fruto de muito esforço e dedicação.**

Ou seja: a inteligência é algo que você pode, sim, desenvolver – desde que esteja disposto a pagar o preço por isso.

Eu não conheço uma pessoa que tenha se dedicado piamente em aprender algo e não tenha conseguido.

Um dos caras que eu mais admiro e retrata bem esse assunto é Thomas Edison.

Ele dizia que:

"Um gênio se faz com um por cento de inspiração e noventa e nove de esforço".

Ou você acha que ele era um gênio e que do dia pra noite inventou a lâmpada elétrica?

O cara teve que fazer mais de 1200 experiências antes de conseguir!

Sério, tem noção do que é isso?

Tentar mais de mil vezes fazer algo, não conseguir e, ainda assim, continuar tentando? Me perdoe a palavra, mas o cara era foda!

Se você não se acha inteligente o suficiente para aprender ou fazer algo, é porque ainda não se empenhou como deveria.

Vou dar mais um exemplo da minha vida.

Quando eu tinha nove anos, estudava em um colégio que rolava uma "olimpíada de matemática".

Eu não era bom em matemática e muito menos gostava de estudar – como eu já disse anteriormente.

Mas tinha um pessoal na sala que se achava, só porque eram "inteligentes".

Essa galera, meio que desdenhava um pouco das pessoas que não tinham o mesmo "nível de inteligência" deles. Eu era uma dessas pessoas.

Certo dia, aconteceu alguma coisa que eu me senti humilhado por eles.

Confesso que não lembro exatamente o que foi, mas foi alguma coisa em relação a tal "olímpiada de matemática".

Só lembro que me deixou mal pra caramba.

Eles meio que desacreditaram que alguma pessoa pudesse ganhar as medalhas além deles.

Cara, se tem uma parada que me dá motivação é alguém achar que eu não vou conseguir fazer algo.

Eu decidi que quem ia ganhar a porra da medalha de ouro seria eu, não aqueles pela-sacos.

Estudei pra caramba, todo santo dia, até a olímpiada.

Me coloquei em um estado mental de convicção que nem eu mesmo conhecia.

Eu ia ganhar aquela olimpíada e ponto!

Resultado: a medalha de ouro foi pra quem? Pro papai aqui, claro.

Ué, mas eu não era "ruim" em matemática? Os outros não eram mais "inteligentes" que eu?

Que nada, eu só não me dedicava o suficiente.

E sabe o mais interessante?

Foi com esse mesmo estado mental que eu entrei na faculdade anos depois.

Se ali era uma oportunidade pra eu melhorar de vida, eu ia cair dentro com todas as minhas forças e ia novamente conseguir a "medalha de ouro" – e consegui.

Ou seja:

Quanto mais você se dedica em alguma coisa, mais inteligente você fica sobre aquele assunto; quanto mais você trabalha, mais "sorte" você tem.

Você só não pode cometer um erro nesse processo de tornar-se inteligente: **parar de aprender.**

Pois da mesma forma que você pode tornar-se inteligente, você também pode deixar de ser.

A inteligência é resultado do aprendizado contínuo.

Então meu filho, mantenha os pés no chão e, de preferência, com as sandálias da humildade.

Tenha a humildade de continuar aprendendo, sempre!

Bora pro próximo capítulo.

CAPÍTULO 5:
TORNE-SE UM PROFESSOR
"A MELHOR FORMA DE APRENDER É ENSINANDO."
(WILLIAM GLASSER)

Você já ouviu falar no autor dessa frase aí de cima? Ele foi um psiquiatra e grande professor americano.

Ele criou uma teoria de educação que ele denominou como **pirâmide de aprendizagem**.

De acordo com essa teoria, *Glasser* falava que o professor é um guia para o aluno, não um chefe em sala de aula – eu sou professor e concordo plenamente com ele.

Ele sugeriu que em vez disso, os alunos deveriam aprender efetivamente com o professor de forma prática e, então, ensinar uns aos outros para fixar melhor o conteúdo.

Ele também explicava que o grau de aprendizagem pode variar de acordo com a técnica de ensino utilizada.

Aí embaixo, eu coloquei a pirâmide pra você ter uma noção melhor de como funcional esse modelo de aprendizagem.

PIRÂMIDE DE WILLIAM GLASSER

Figura 1 - Pirâmide de aprendizagem de William Glasser

Se você olhar bem para a base da pirâmide, vai ver que segundo ele, aprendemos muito melhor quando ensinamos a alguém.

Seja explicando, resumindo, ilustrando, descrevendo, etc...

Não importa como, mas tenta explicar a alguém algo novo que você aprendeu.

Chega pra sua/seu namorada(o) ou esposa(o) e pergunta se ela/ele já conhece a pirâmide de aprendizagem, por exemplo.

Vai lá. É sério, vai lá e pergunta.

Se ela/ele responder "não", você explica que *é uma teoria de aprendizagem que foi criada por um psiquiatra americano doido, no qual ele fala que **a melhor forma de aprender é ensinando.***

Pois, segundo ele, ensinando a gente busca diferentes tipos de mecanismos para fazer com que o outro entenda e acabamos por fixar mais ainda o conteúdo em nossas mentes.

Pronto. Agora você não esquece nunca mais da **pirâmide de aprendizagem**.

Então por que não fazer isso com outras informações interessantes que você aprende, mas que se perdem porque você somente leu, hein?

Viu lá o topo da pirâmide? Só aprendemos cerca de 10% do que lemos.

Então não basta ler, tem que colocar em prática o aprendizado e ensinar ao próximo.

Eu sempre falo para os meus alunos:

Conhecimento não se guarda, se compartilha.

Eu não me tornei professor pela grana, porque você sabe que no Brasil professor não tem valor nenhum – pelo menos não para o governo.

Eu me tornei professor, porque eu achava sensacional a ideia de ajudar as pessoas a aprender alguma coisa nova.

Eu gosto de ensinar.

E o legal é exatamente isso: **quanto mais eu ensino, mais eu aprendo.**

Então, já que você vai aprender um monte de coisas novas lendo esse livro, que tal fixar mais ainda esse conteúdo ensinando aos outros?

Tenho certeza que não vai se arrepender, afinal: **a melhor forma de aprender é ensinando.**

CAPÍTULO 6:
PARE DE SE AUTOSSABOTAR
"Você é seu pior inimigo." (Autor desconhecido)

Se você está lendo esse livro até aqui, é porque realmente acredita que é possível mudar de vida estudando, certo?

Que bom, você está no caminho certo.

Mais que acreditar, acho que você deseja de verdade mudar algo em sua vida. Seja no aspecto pessoal, profissional ou acadêmico.

Mas se eu te falar que você é o principal responsável por tudo que deu ou tem dado de errado na sua vida até agora, você vai acreditar ou vai me xingar?

Felizmente ou infelizmente, essa é a mais pura verdade:

você é seu maior inimigo na busca pela felicidade.

Lembre-se: **você é o responsável pelas consequências de suas escolhas, sejam elas boas ou ruins.**

O problema, é que muita coisa que a gente faz e prejudica a nós mesmos, fazemos de forma inconsciente ou automática.

Às vezes é sem-vergonhice mesmo: você sabe que vai te fazer mal, mas faz assim mesmo.

Se for esse o seu caso, é contigo mesmo. Depois assume a responsabilidade dos seus atos.

Mas, na maior parte das pessoas, não é.

Ninguém, com plena saúde mental, vai querer fazer algo que vai prejudicar a si mesmo, não é?

Seria uma tremenda falta de inteligência.

Na verdade, o que acontece não é nem falta de inteligência, é ignorância mesmo.

E digo ignorância no sentido literal da palavra: *condição da pessoa que não tem conhecimento da existência ou da funcionalidade de algo.*

Ou seja: você faz coisas e sequer desconfia o quanto isso está te fazendo mal.

Nos próximos 2 capítulos eu vou te dar algumas dicas pra você evitar algumas atitudes, comportamentos e hábitos que as pessoas costumam ter – de forma inconsciente ou automática – e que não ajudam em nada na busca do sucesso pessoal.

Eu já tive – e as vezes ainda tenho – essas atitudes, comportamentos e hábitos. Você já teve – ou tem.

E, provavelmente, qualquer pessoa que habite esse mundo também já teve.

CAPÍTULO 7:
PARE DE ACREDITAR QUE VOCÊ NÃO CONSEGUE FAZER OU APRENDER ALGUMA COISA

"Não sabendo que era impossível, ele foi lá e fez."

(Jean Cocteau)

Em condições normais, todos nós temos a mesma biologia. Temos dois braços e duas pernas. Temos os cinco sentidos (visão, audição, paladar, tato e olfato).

E, o mais importante, temos um **cérebro pensante** – alguns tem mais não usam.

Se uma única pessoa na face da terra, conseguiu fazer algo que você diz não conseguir, você está se **autossabotando**.

E melhor ainda: até quando ninguém nunca conseguiu, é possível que você consiga.

Existem várias histórias que ilustram bem isso, mas eu vou contar pra você a que eu chamo de *"A motivante história Robert Bennister: o primeiro ser humano a correr uma milha em menos de quatro minutos."*

"Tudo é impossível até que seja feito".

Essa frase é do ex-presidente da África do Sul, *Nelson Mandela*, e retrata bem a façanha do britânico *Roger Bannister*.

Vamos a história!

Até então, na década de 50, Bannister era um mero mortal – assim como eu você – estudante de medicina e atleta amador.

Naquela época, havia uma corrida muito popular no Império Britânico, chamada *Mile Run*.

O objetivo dessa corrida não era muito diferente de todas as outras – percorrer determinada distância em um menor tempo possível ou chegar no final primeiro que os adversários.

Mas nessa, especificamente, o desafio era percorrer uma milha (cerca de 1.600m) no menor tempo possível.

Os atletas suecos mantiveram o recorde dessa corrida em 4 minutos e 1 segundo por mais de 10 anos.

Foi aí que começou a velha história do "impossível".

Na época, popularizou-se uma falácia que ninguém conseguiria superar esse recorde.

Pois jamais, nunca, em hipótese alguma, nenhum ser humano conseguiria correr uma milha em menos de 4 minutos.

Segundo alguns "estudiosos" da época: era humanamente impossível – realmente muitos tentaram e não conseguiram.

Mas eles esqueceram de avisar isso pro *Roger Bannister*.

Pra ele, não tinha esse papo de "impossível".

Se alguém tinha conseguido correr uma milha em 4 minutos e 1 segundo, por que ele não conseguiria correr abaixo disso?

46

Ele **dedicou os treinamentos exclusivamente** para esse desafio.

E depois de dois anos de preparação, **com treinamento focado e um desejo profundo**, a meta foi alcançada!

Em 06 de maio de 1954, *Roger Bannister* **acabou com o mito do impossível:** correu uma milha em 3 minutos e 59 segundos.

Como dizem atualmente: *"os faladores passaram mal."*

E milagrosamente, após *Bannister* quebrar o recorde, maior galera também começou a conseguir.

Ou seja: **ele desbloqueou a mente de todos os outros atletas que até então pensavam que era impossível conseguir tal façanha.**

Não sei você, mas eu acho essa história sensacional!

Mas quais lições você deve tirar dessa história?

Primeiro: Pare de se inferiorizar perante os desafios.

Nada é impossível de aprender ou fazer, **basta você se dedicar e querer de verdade.**

Segundo: Quando falarem que você não consegue ou não vai conseguir fazer algo, **mostre que eles estão errados.**

Eu mesmo ouvi isso algumas vezes durante a minha vida:

"Vai fazer faculdade pra ser mais um desempregado? Tem um monte de gente que faz e nem arruma emprego."

47

"Ah, tá bom.... vai conseguir fazer mestrado sim. É muito difícil."

Lembro de uma vez que eu estava conversando com alguns colegas de trabalho – na época em que eu ainda trabalhava em loja de roupas –, justamente sobre arrumar emprego depois que eu terminasse a faculdade.

Eles falavam que era difícil um recém-formado arrumar emprego e que a maioria fica batendo cabeça quando termina o curso.

Aí eu falei que não tinha medo disso, porque **pra quem é bom e se dedica de verdade sempre tem trabalho.**

E além disso, eu ia logo dar um jeito de passar em um concurso público e garantir meu emprego.

Você acha que alguém me apoiou ou botou fé no que eu disse?

Porra nenhuma!

Mas, obviamente, eu caguei pra eles e continuei com as minhas convicções – ainda bem.

Com 2 meses de formado eu já tinha sido contratado pela instituição na qual eu me formei e, menos de 1 ano depois, já tinha conseguido meu primeiro emprego público após ser aprovado em um concurso.

Eu sei que são eventos bem distintos e de proporções bem diferentes.

Mas imagina se tanto eu, quanto o *Roger Bannister*, tivéssemos dado ouvidos as pessoas que falaram que não iriamos conseguir?

Ele não teria se tornado recordista mundial e eu, muito provavelmente, ainda estaria trabalhando como vendedor de lojas.

Não que seja algo pejorativo trabalhar em loja, de forma alguma. Mas não era o que eu queria pra minha vida.

E infelizmente a vida é assim mesmo, meu amigo e minha amiga.

Poucas pessoas vão te apoiar nos seus sonhos. Poucas pessoas vão acreditar que você é capaz. Poucas pessoas vão te dar uma palavra de incentivo quando você estiver na merda pensando em desistir.

Além disso, poucas são as pessoas que vão realmente ficar felizes com o seu sucesso.

Poucas, não nenhuma.

Ainda existem pessoas que torcem pelo sucesso do próximo sem inveja, acredite nisso.

Então valorize e cultive a amizade de pessoas que literalmente te jogam pra cima.

Pessoas que façam você crescer pessoal e profissionalmente.

Afaste-se das pessoas negativas.

As pessoas que não conseguem realizar os seus sonhos vão tentar fazer você desistir dos seus.

Não dê ouvidos a elas, siga firme em busca dos seus sonhos e objetivos.

Você não precisa da crença e aprovação de ninguém, basta que você acredite. Eu acredito em você. **Vai com tudo!**

CAPÍTULO 8:
PARE DE RECLAMAR
"É proibido resmungar." (Mário Sergio Cortella)

Você é do tipo de pessoa que reclama muito? Que reclama até do barulho quando a felicidade bate à porta?

Se for, pode parando.

Esse é um dos piores tipos de **autossabotagem**!

Cara, **tudo aquilo que você foca se expande.**

Se você focar no problema, mais problema terá. Se você focar na raiva, mais raiva terá. E por aí vai...

Você já viu alguém receber um aumento por que vive reclamando que ganha pouco? Eu não.

Já vi pessoas receberem aumento por trabalharem mais e melhor.

Reclamar não resolve o problema de ninguém.

O que vai mudar sua vida é a ação, não a reclamação.

Não estou dizendo que você não deve reclamar com a telefonia que te mandou uma conta indevida ou com a sua operadora de cartão de crédito que mandou na sua fatura uma compra que você não fez, não é isso.

Isso, de certa forma, é até uma ação, pois você teve que tomar uma atitude para resolver o problema.

Estou falando dessas reclamações diárias. Essas que muita gente faz todo dia e parece que tem prazer em fazer.

Muda o foco!

Ao invés de reclamar, comece a agradecer. Você vai ver como as coisas vão começar a melhorar.

Se tá ruim pra você, pode ter certeza que tá muito pior pra muita gente.

Então, ao invés de reclamar que tem que acordar cedo, **agradeça** simplesmente por acordar.

Ao invés de reclamar que o carro quebrou, **agradeça** por ter um carro.

Não estou falando da boca pra fora, não mesmo.

Eu faço isso todo dia e de forma escrita.

Agradeço até por coisas que eu nem conquistei.

Esse livro, por exemplo, era um agradecimento que eu fazia diariamente, antes mesmo de ter começado a escrever.

Agradeço até por eu ser um escritor *best-seller* – vai que dá certo, né?!

Esses dias, eu fui no mecânico pra fazer manutenção básica do carro. Trocar óleo, filtro, essas coisas...

Só no tempo que eu fiquei na loja, cerca de 30 minutos, o cara que estava fazendo o serviço no meu carro fez questão de reclamar pra mim e mais três pessoas, que o Natal dele seria "ruim".

Só porque o carro dele tinha quebrado e ele ia "ficar a pé".

Aí por curiosidade, eu perguntei se tinha sido algum acidente ou algo do tipo.

Ele falou que não, que foi por defeito de uma peça do motor que estava velha mesmo. Então eu continuei...

- "Mas você fazia manutenção regularmente no carro?"

Ele respondeu:

- "Não, tinha maior *tempão* que eu só trocava óleo mesmo" – ainda com um risinho no final.

Ah, na moral! Tá de sacanagem, né?!

Esse é o tipo de pessoa que **cria suas próprias tempestades e depois reclama quando chove.**

Eu sei se eu estacionar o meu carro em um lugar proibido corro o risco de ser rebocado, não sei?

Então se rebocarem eu vou ficar reclamando? Claro que não, eu já sabia desse risco.

Uma das coisas que eu decidi definitivamente pra minha vida é não reclamar de coisas que eu não posso mudar.

Na verdade, eu estou tentando não reclamar de nada, mas principalmente essas coisas.

Por exemplo: trânsito.

Se tinha uma coisa que me irritava e fazia eu reclamar pra caramba, era ficar preso no trânsito.

Sério, eu acho um desperdício de vida ficar preso em engarrafamento. Acho que ninguém gosta, né?

Mas adiantava eu reclamar?

Por acaso os carros iam abrir o caminho e deixar eu passar?

Ou teria como meu carro sair voando e passar por cima dos outros?

Reclamar não ia fazer acontecer nada disso.

Pelo contrário, ficar reclamando só me fazia ficar estressado e puto da vida.

Além do mais, eu tenho a opção de nem sair de casa se eu não quiser, não tenho?

Portanto, é uma escolha que eu fiz e tenho que assumir as consequências – nesse caso é aturar o trânsito.

Então eu decidi tornar esse momento, que antes era de estresse e improdutivo, em um momento produtivo e agradável.

Agora, toda vez que estou no trânsito, eu escuto um *audiobook* ou um *PodCast* sobre algum assunto de meu interesse.

Se você quiser tentar fazer isso, sugiro baixar o **aplicativo "12"** ou acompanhar os caras do ***resumocast.***

No **"12"**, os caras criam um *microbook* sintetizado e otimizado, que você consegue ler ou ouvir em menos de 12 minutos.

Eu acho muito bom, principalmente pra trajetos mais curtos.

Esse é pago, mas você tem acesso a um *microbook* gratuito por semana.

Mas se você mora nas grandes capitais, assim como eu, e geralmente perde maior tempo no trânsito, sugiro o **resumocast**.

Eles gravam um debate no formato de *PodCast*, com duração média de 30 minutos, baseado em vários livros *best-sellers*.

A distribuição é gratuita e toda segunda-feira eles publicam um novo episódio no *youtube*.

Além de ouvir esses *microbooks* e *PodCasts*, eu fiz uma *playlist* com minhas músicas preferidas.

Algumas músicas servem pra me animar quando eu to meio pra baixo, e outras que me relaxam quando eu to muito pilhado.

Não vou colocar minha *playlist* aqui porque gosto musical é igual aquilo que você sabe bem, cada um tem o seu.

Mas tem desde funk a música gospel – meu gosto pra música é realmente bem doido.

Então, ao em vez de ficar resmungando no trânsito, agora eu uso esse tempo pra aprender algo novo e me distrair escutando as minhas músicas preferidas.

Muito, mas muito melhor do que ficar reclamando e ouvindo um monte de baboseiras na rádio!

Não quero pagar aqui de "ser humano perfeito" e que não reclama nunca, não mesmo – até porque estou longe disso.

Vai ter hora que você vai reclamar e resmungar, isso é fato.

Só que é como eu disse anteriormente, a maioria das pessoas fazem isso de forma quase que automática, porque estão acostumadas ao "todo mundo faz".

Já reparou que quando algum colega começa a reclamar de alguma coisa, quase que automaticamente você também começa a reclamar?

Na maioria das vezes fazemos isso pra nos mantermos na conversa e participar do assunto.

Isso é natural do ser humano, nós somos influenciados pelo meio em qual convivemos. Somos seres sociais.

Mas a partir do momento que você começa a se tornar **consciente de suas ações** e do que está se passando ao seu redor, você deixa de ser alienado e passa a ser dono de si mesmo.

Se você sabe que ficar reclamando de tudo é algo que faz mal principalmente a você, por que continuar fazendo?

É possível vencer um jogo fazendo gol contra toda hora?

Acho que não.

Eu te desafio a ficar uma semana sem resmungar ou reclamar.

Depois você me conta se a semana foi boa ou ruim e como você se sentiu, beleza?

Vamos em frente.

CAPÍTULO 9:
SER INTELIGENTE É TER SAÚDE

"O homem joga sua saúde fora para conseguir dinheiro; depois, usa o dinheiro para reconquistá-la." (Confúcio)

Esse assunto é amplamente falado e discutido, mas poucas pessoas dão o real valor que ele merece.

Imagine-se uma pessoa rica, muito rica.

Você tem tudo que o dinheiro pode comprar: os melhores carros, as melhores roupas, bebidas caríssimas, casas luxuosas, iates e tudo mais que venha na sua cabeça.

Imaginou? É uma sensação boa? Acredito que sim.

Com certeza seria uma boa oportunidade de aproveitar bem a vida, né?

Digamos que nessas circunstâncias, você pode levar a vida que toda pessoa gostaria de ter.

Você tem tudo que uma pessoa precisa, certo? Não, não tem.

Acredito que no momento em que você se imaginou uma "pessoa rica", em momento algum pensou em ser "rico de saúde", não é verdade?

Pois é, não adianta de nada ter isso tudo e não ter saúde.

Sem saúde você não levanta nem da cama!

A maioria das pessoas só dá valor a saúde quando estão doentes.

58

Só que nessa brincadeira de deixar a saúde pra depois, muitas vezes não tem depois.

Vou fazer algumas perguntas e quero que você responda com sinceridade, combinado?

1 – Você é uma pessoa sedentária?

2 – Você faz ingestão de álcool em demasia?

3 – Você fuma?

4 – Sua alimentação regular tem excesso de sal e açúcar, com doces, salgados e refrigerante?

5 – Você se considera uma pessoa estressada?

6 – Você encontra-se acima do peso?

7 – Você tem insônia?

Se você respondeu "sim" pra quatro ou mais das perguntas acima, sinto lhe informar: você é uma bomba relógio prestes a explodir.

Você tá acabando com o seu bem mais precioso: seu corpo.

Mas calma, não precisa desesperar e sair correndo para o médico.

Eu vou tentar te ajudar.

Mas antes, responde mais uma pergunta: qual é a única prescrição que pode diminuir o risco de 5 doenças importantes – sem efeitos colaterais?

Se você respondeu exercício, você acertou em cheio!

O exercício tem o poder de diminuir o risco de desenvolver hipertensão arterial, diabetes, Acidente Vascular Cerebral (AVC) e alguns tipos de câncer.

Além disso, você sabia que o exercício pode ajudar a reduzir seu risco de doença cardíaca de forma tão eficaz como medicamentos?

E o melhor, sem efeitos colaterais!

Ele também pode ajudar a aliviar a dores articulares, melhorar a sua memória, diminuir circunferência abdominal (a famosa barriga de *chopp*) e preservar a sua independência funcional.

Ou seja: **o exercício é top!**

Eu e você sabemos que o conceito de saúde é muito amplo, que envolve muito mais que do "simplesmente" fazer exercícios.

Mas os **benefícios** dos exercícios são tantos – como os que eu citei anteriormente –, com tão baixo custo, que vale a pena você tentar implementar pelo menos esse hábito pra melhorar a sua saúde.

Vou te dar algumas dicas de como parar de sabotar seu corpo e começar a cuidar melhor da sua saúde física.

Afinal, sem o seu corpo funcionando bem, vai ser difícil ter disposição pra aproveitar a vida melhor que você vai conseguir depois que ler esse livro, né?

Praticando exercícios físicos regularmente

Já posso imaginar você dizendo: *"não tenho tempo"; "trabalho muito"; "trabalhar e estudar me deixa muito cansado"; "não gosto de ir pra academia"; "Tenho preguiça"*; e etc...

"Aquele que não tem tempo pra cuidar da saúde, vai ter que arrumar tempo pra cuidar da doença." (Lair Ribeiro)

Vamos deixar as desculpas de lado e focar na solução?

Vamos lá!

Você tem 24h em um dia, certo? Com certeza sim.

Me diz então: é impossível pra você tirar 15 min do seu dia pra fazer atividade física?

Se você disse sim, não mete essa!

Vamos parando de *migué*!

Arruma 15 minutos na sua agenda aí, vai!

É isso mesmo, pra começar não precisa mais que 15 min por dia.

Segundo um artigo publicado em 2016, por um grupo de pesquisadores canadenses no *British journal sports medicine*, 15 minutos de atividade física por dia (ou 75 min/semana) é o suficiente para reduzir cerca de 15% o risco relativo de mortalidade.

E o melhor, todos os outros benefícios aumentam com o aumento do tempo.

Então você pode começar com 15 minutos e ir aumentando aos poucos.

Eu já disse que também estava "sem tempo" pra fazer atividade física, lembra?

Então eu comecei a acordar 30 minutos mais cedo do meu horário tradicional, caminhar com o *Waldick* e depois fazer os exercícios.

Pra arrumar tempo, você vai ter que acordar mais cedo ou dormir mais tarde, você decide.

Eu preferi acordar mais cedo um pouco.

Mas quem sabe da sua vida é você, decide aí.

Pode ser que você arrume até um tempo no horário do almoço, sei lá.

Atualmente, eu faço toda segunda, quarta e sexta-feira: 50 abdominais; 55 flexões; 35 agachamentos; e 50 plantiflexões (ficar na ponta do pé).

Às terças, quintas e sábado eu faço alguma atividade aeróbica – geralmente pular corda.

Eu comecei com bem menos repetições do que faço atualmente, porque eu estava bem descondicionado fisicamente.

Comece na sua intensidade, sem sobrecarregar seu corpo.

Se possível, busque fazer exercícios que trabalhem os braços, pernas e tronco – juntos ou isolados.

Se você não saca nada de exercícios, existem vários aplicativos que podem te ajudar.

Eu indico – sem ganhar nada por isso – o **BTFIT**.

Esse aplicativo é como se fosse um *personal trainer* online.

Tem vários exercícios e aulas partir de 15 min, que são conduzidas por profissionais de educação física.

E o bacana é que você pode fazer em qualquer lugar, basta querer.

Pra melhorar a função cardiorrespiratória, você também pode usar uma tecnologia moderníssima, de última geração, chamada: **subir escadas.**

Eu, como fisioterapeuta, te aconselho a subir escadas ao invés de descer – descer escada tem muita sobrecarga articular.

Eu moro no décimo sexto andar, imagina?

Eu nunca tinha subido os 16 andares completos, sempre parava no meio do caminho e pegava o elevador.

Esses dias, mais precisamente na véspera do natal, TODOS os elevadores quebraram e tiveram que ficar 48h desligados – os moradores não ficaram nada felizes com isso.

Então eu não tinha escolha, era subir os 16 andares ou não sair de casa – duvido que eu ia ficar preso dentro de casa em plena véspera de natal.

Além de conseguir subir todos os andares, ainda consegui fazer isso duas vezes em um único dia!

Fiquei bem cansado, mas foi legal – tem que ser divertido.

Agora, pelo menos 3 vezes na semana eu subo os 16 andares pelas escadas, pelo menos uma vez ao dia.

Ou seja: **de um problema eu criei uma solução.**

Se você é muito sedentário, começa com 1 andar, 5 flexões, 5 agachamentos, não importa.

A quantidade não vai importar muito nesse momento, mas sim a criação do hábito.

Ah, não esquece de anotar seu **progresso** diariamente.

Isso vai ser importante pra te manter motivado!

Eu anoto todo santo dia e tento sempre aumentar gradativamente.

CAPÍTULO 10:
COMO ESTUDAR DE FORMA PRODUTIVA
"Estude por um propósito, não por uma obrigação."

(Alex Oliveira)

Já vou te avisando que esse capítulo é um pouco mais longo que os outros, beleza? Mas vale à pena, te garanto!

Não é por acaso que esse capítulo é o número 10, sabia?

Eu considero ele o "camisa 10" do time (livro) ***estuda que a vida muda.***

Se você saca minimamente de futebol, sabe que o camisa 10 é tipo o cérebro do time – ele que organiza as jogadas e geralmente deixa os companheiros na cara do gol.

Então, esse capítulo é tipo isso: ele te ajuda a organizar sua forma de estudar.

E se você estuda bem, o que acontece?

A vida muda!

Então cai dentro!

Na sua opinião, quais são as principais "desculpas" que as pessoas dão quando o assunto é estudar?

Algumas que eu costumo ouvir com certa frequência são:

"Não tenho tempo."

"Pra quem trabalha e estuda é muito difícil arrumar tempo."

"São muitas matérias ao mesmo tempo."

"Não consigo estudar, chego muito cansado do trabalho."

"Não gosto de ler."

Tudo isso realmente acontece, não tenho dúvidas.

Eu mesmo passei por isso, pois na época da graduação trabalhava de segunda a segunda no comércio e ainda estudava a noite.

E vou te falar, não é mole não!

Tinha dia que o cansaço vinha de uma tal forma, que parecia até que um caminhão tinha passado por cima de mim umas 3 vezes enquanto eu dormia.

Na hora de levantar da cama, era sinistro!

Se você é ou já foi estudante, acredito que entenda bem o que é isso.

E vou te falar, levantar cedo pra fazer algo que você não gosta e não te motiva, é brabo!

E eu trabalhava em comércio porque eu precisava pagar minha faculdade, não porque eu gostava.

Domingos e feriados eram os dias mais difíceis.

A maioria dos meus amigos curtindo um churrasquinho, tomando uma gelada, almoçando com a família e eu indo trabalhar.

Consigo sentir a sensação de impotência até hoje.

Mas eu tinha um propósito, não estava pensando só no momento.

Eu até tinha a opção de largar o comércio e fazer qualquer outra coisa.

Mas o horário flexível que o comércio me proporcionava, era o que eu precisava pra conseguir fazer faculdade – e eu sabia que isso incluía trabalhar sábados, domingos e feriados.

Pra você ter noção, na primeira loja que eu trabalhei, sabe quantas folgas eu tinha no mês? Duas!

Eram 2 folgas, uma a cada 15 dias.

As leis trabalhistas nem permitem isso, mas eu sabia?

Não, era mais um ignorante.... era!

Mas, mesmo se soubesse, eu ia continuar.

Sabe por quê? Porque era o preço que eu tinha que pagar no momento, pra conseguir algo melhor lá na frente.

Não existe vitória genuína sem esforço e sacrifício.

Nas lojas seguintes, as coisas melhoraram e eu passei a ter 4 folgas no mês.

Pra quem tinha só duas, tá ruim não, né?!

Hoje eu sei que o problema não era trabalhar nos finais de semana e feriados, mas sim trabalhar com algo que você não gosta.

Atualmente, eu trabalho sábados, domingos e feriados, sem nenhum esforço!

Não importa o dia: eu trabalho com maior satisfação!

Trabalhar com algo que te motiva, alegra e ainda traz retorno financeiro, é uma das melhores sensações do mundo!

Espero que assim como eu, você também consiga isso. **Eu torço por você!**

Mas vamos lá.

Lembra que eu falei que estudar só o que te ensinam não é o suficiente?

Então, você tem que estudar por conta própria se quiser aprender alguma coisa de verdade.

Mas como eu fazia pra estudar por conta própria, trabalhando todo dia de semana até as 17:00h – finais de semana até as 22:00h – e depois estudando até as 22:40h? Era complicado.

Mas, como diz aquela conhecida frase (foi mal, mas não achei o nome do autor):

"Quem quer, arruma um jeito. Quem não quer, arruma uma desculpa."

Eu dei o meu jeito e vou passar algumas dicas pra você, agora!

Vai que te ajuda, ne?!

Dica 1 – Revise o conteúdo aprendido diariamente.

Você lava louça? Eu lavo.

E lavar louça sempre foi uma tarefa tranquila pra mim, sem estresse.

Exceto, quando eu deixava acumular muita coisa – aí eu ficava bolado.

Parecia que eu não ia acabar nunca de lavar e, quando eu pensava que estava acabando, surgia do além mais um copo ou talher.

O que me estressava, não era lavar louça, era lavar muita louça de uma vez só.

Pra resolver isso, eu decidi que toda louça que eu usasse, eu ia lavar na hora.

Acabei de almoçar? Eu lavo na hora o prato, garfo e a faca. Tomei café? Eu lavo na hora a xícara.

Raramente, muito raramente, a louça acumula agora.

Mas você deve estar se perguntando: "Que diabos lavar louças tem a ver com estudar, Alex?"

Tem a ver com não deixar o conteúdo que você tem que estudar acumular pra estudar tudo de uma vez. Simples assim.

Na época da faculdade, como eu disse anteriormente, eu não tinha muito tempo pra estudar.

Então o que eu fazia pra não deixar acumular matéria?

Todos os dias após as aulas, eu fazia uma **releitura dinâmica da matéria do dia.**

Geralmente, eu fazia isso no caminho de volta pra casa – já que eu pegava um ônibus que demorava aproximadamente 1 hora e 20 minutos no percurso.

Dava tempo pra eu **revisar** umas 3 vezes e ainda tirar um cochilo.

Vou te dar um exemplo.

Vamos dizer que você está lendo esse capítulo com objetivo de organizar sua forma de estudar e melhorar sua produtividade – o objetivo aqui é esse mesmo.

Então você pretende ler tudo com atenção, do início ao fim, marcar as partes que acha importante e, depois, começar a colocar em prática – espero eu.

Mas, lembra que segundo a **pirâmide de aprendizagem** do *William Glasser* você só absorve cerca de 10% do que você aprende lendo?

Muito provável então, que amanhã você não se lembre de quase nada que leu hoje.

Como você minimiza isso? Revisando.

Se você revisar um conteúdo que ainda está "fresco" na sua mente, vai conseguir aumentar a sua capacidade de absorção de forma significativa.

Por isso a importância de revisar o conteúdo aprendido em um curto intervalo de tempo, sem deixa-lo cair no "esquecimento". Isso vai te ajudar muito!

Dica 2 – Anote suas dúvidas.

Não bastava só **revisar** a matéria no mesmo dia, eu **anotava** qualquer dúvida que ainda ficasse pendente em relação a disciplina ou conteúdo que eu estava estudando.

Então, antes do próximo assunto a ser estudado, eu tinha que sanar aquela dúvida – com os colegas de sala ou com o próprio Professor.

Não importava qual era a dúvida: uma palavra desconhecida, um termo incomum; dificuldade de interpretação ou compreensão; etc.

O que eu não deixava acontecer – e aconselho que você também não deixe – era entrar em um novo assunto ainda com dúvidas no anterior.

Se isso acontecesse, já embolava o meio-campo todo. Parecia que a mente "travava" na dúvida e tudo ficava mais difícil de aprender depois.

Já aconteceu isso com você?

Parece que nenhum outro assunto entra na cabeça enquanto você não resolve aquele "pendente".

Imagine que você pegou um empréstimo no seu banco, mas não pagou porque se enrolou com outras dívidas.

O que acontece? O banco bloqueia sua conta.

Após isso, você entra em contato com o banco e solicita um novo empréstimo.

Mas o gerente fala pra você que só vai poder liberar um novo empréstimo, quando você pagar o anterior.

Essa é uma analogia pra você tentar entender o que acontece com a sua mente (o banco), quando você deixa algum assunto pendente (o empréstimo).

Fica difícil conseguir um novo empréstimo (adquirir uma nova informação), quando você ainda tem uma dívida pendente (uma dúvida).

O banco (sua mente) vai te bloquear.

Essas primeiras duas dicas eu usei muito durante o meu curso de graduação – e indico muito a você caso você seja estudante.

Fazendo basicamente isso e prestando sempre muita atenção nas aulas, eu consegui:

- Nenhuma nota abaixo da média (longe disso) durante toda a graduação;

- Nenhum surto de TPP (*tensão pré prova*); e

- Bolsa na pós-graduação por ter um dos melhores coeficientes de rendimento (CR).

Sem sustos e sem drama.

As próximas dicas são muito boas também e eu uso todas atualmente, confere aí!

Dica 3 – Mantenha o foco na hora de estudar.

Perceberam que eu falei "revisar" e "releitura" nos textos acima? Pois é.

Essa estratégia é pra você **fixar** o conteúdo aprendido.

Mas pra isso, é fundamental que você se mantenha realmente focado quando estiver estudando!

Antes de continuarmos, pega o seu celular aí.

Pegou?

Agora coloca um temporizador de 20 minutos regressivos e liga o modo avião.

É sério, vai!

Fez? Boa!

Vamos continuar então – depois você vai entender o porquê disso.

Não importa se você está em sala de aula, lendo um livro, ouvindo um *PodCast* ou assistindo um vídeo no *youtube,* concentre-se no que você estiver fazendo.

Se estiver na sala de aula: deixa pra sacanear o amigo flamenguista que foi vice mais uma vez no intervalo, não na hora que o Professor estiver passando a matéria.

Quando estiver em sala, esteja presente e se faça presente!

Quer ficar no celular? É contigo mesmo!

Mas depois não fica de "*coitadismo*" falando que a matéria é difícil ou que tem muito conteúdo.

Se estiver lendo um livro: esquece o **Facebook, WhatsApp e Instagram** – esses são grandes **ladrões de tempo**.

Foca no livro!

Imagina os personagens, analisa o conteúdo, faça suas anotações e críticas, identifique o que pode ser útil pra sua vida.

Evite interrupções desnecessárias.

Quando estou lendo ou escrevendo alguma coisa em um ambiente que tenha outras pessoas, uma coisa que me ajuda é meter logo um fone de ouvido.

Na maioria das vezes não estou ouvindo nada, é só pra pessoa pensar duas vezes antes de me interromper – costuma funcionar.

Se você estiver ouvindo um *PodCast* ou vendo um vídeo educativo no *youtube:* não fica viajando pensando em coisas aleatórias, tenha uma **escuta ativa**!

Já percebeu que algumas vezes você conversa com algumas pessoas e elas, sequer, lembram de uma palavra do que você acabou de dizer?

Eu já fiz isso várias vezes e você – muito provavelmente – também.

Isso é a falta de **escuta ativa**.

A pessoa apenas ouve, não escuta efetivamente.

E se tem uma coisa que falta hoje em dia, são pessoas que escutem ativamente.

É um paradoxo egoísta: **as pessoas querem falar, mas não querem ouvir.**

Sempre falo para os meus alunos do curso de fisioterapia: **escute ativamente** o seu paciente, ele tem todas as informações que você precisa.

Escutar ativamente é uma das formas mais nobres de demonstrar **empatia e respeito** ao próximo, vai por mim.

Então voltando ao nosso **foco**, quando estiver estudando ouvindo alguma coisa, **escute ativamente e fique atento**.

Quando perceber que a mente está divagando, trate de trazê-la de volta.

Se você ficar atento a isso, você vai conseguir.

Se ainda assim, você não conseguir controlar os pensamentos inconvenientes e eles continuarem a tirar sua atenção – seja quando você estiver lendo ou ouvindo –, faz o seguinte: deixa uma folha em branco do seu lado e escreve tudo que estiver te atrapalhando mentalmente.

Toda vez que algum pensamento atrapalhar o seu **foco** ou **concentração**, você vai lá e escreve o pensamento na folha.

A ideia dessa folha é te ajudar a "jogar fora" esses pensamentos que estão aparecendo na sua mente sem serem convidados, sacou?

Dica 4 – Gerencie seu tempo de estudo.

Vamos supor que você não conseguiu de forma alguma revisar o conteúdo que estudou, por qualquer motivo que seja.

Ou pior, você se quer consegue estudar.

Faz o seguinte: separa 20 minutos do seu dia.

Não importa o momento dia – manhã, tarde, noite ou até madrugada.

Simplesmente escolhe um momento que você consiga fugir de tudo e de todos durante 20 minutos.

Nem adianta falar que não tem 20 minutos, para de *caô*!

Mas esses 20 minutos não podem ser quaisquer 20 minutos, tem que ser "os 20 minutos!".

Coloca o celular no modo avião – por falar nisso, assim que os 20 minutos que você colocou no temporizador acabar, levanta e vai beber uma água –, se tranca no quarto, no banheiro, se esconde do patrão....

Sei lá, dá teu jeito!

Mas tem que ser 20 min de foco total na tarefa!

Você não vai morrer se ficar 20 min sem olhar o *Instagram* e o **WhatsApp**, garanto.

O ideal mesmo é que você consiga distribuir períodos de 20 minutos de foco total ao longo do seu dia, com intervalos de no mínimo 5 minutos para divagar e então voltar a leitura.

Eu sempre faço isso.

Levanto, dou uma olhada na varanda, lavo uma louça – quando tem –, brinco com o Waldick, jogo um vídeo game, dentre outras coisas.

O importante é distrair a mente um pouco.

É muito mais fácil – e produtivo – manter 20 minutos de foco total, sem distrações, do que uma ou duas horas ininterruptas.

Fazendo isso, você vai conseguir arrumar um tempinho pra investir em você, seu maior bem!

E lembre-se: **investir em conhecimento rende sempre os melhores juros.**

Dica 5 – Determine horários de estudo.

Essa dica é uma complementação da anterior.

Só que agora, você vai determinar o horário dos seus 20 minutos de estudo.

Vamos supor que você decidiu aprender inglês.

Então você lembra da dica dos 20 minutos que leu no livro **estuda que a vida muda e pensa:** "Vou estudar pelo menos 20 minutos diariamente de inglês."

Agora, é importante definir em qual horário do seu dia você vai fazer isso.

Definir horário pra estudar é fundamental para o seu cérebro **associar o novo hábito** que você tá querendo implementar.

Então, agora escolhe o horário do dia que você vai estudar e lê a próxima dica.

Dica 6 – Implementado o hábito de estudar diariamente

Você já leu o livro *o poder do hábito*, do autor *Charles Duhigg*?

É possível que sim, pois um *best-seller* daqueles!

Caso não tenha lido, te aconselho fortemente a ler – depois que terminar esse aqui.

Mas eu vou te explicar brevemente a ideia principal do livro.

Um habito, é uma escolha em fazer alguma coisa que, em algum momento, você fez de forma consciente e depois passou a fazer de forma inconsciente.

"Como assim?"

O autor descreve um fenômeno que ele denomina de *loop do hábito*.

Esse *loop* é formado por uma **deixa**, uma **rotina** e uma **recompensa.**

Pra ele, todo hábito começa com uma *"deixa"*.

A *"deixa"* é um estímulo que manda o cérebro entrar em modo automático e indica qual hábito deve ser usado.

Por exemplo, o que você faz exatamente quando entra no carro?

A maioria das pessoas colocam o cinto de segurança – pelo menos as que são sensatas.

Nesse caso, entrar no carro é a *deixa* que desencadeia a *rotina* de colocar o cinto de segurança.

A **rotina** é seguida de uma **recompensa**, que ajuda o cérebro a saber se vale a pena memorizar este *loop* para o futuro.

Qual é a **recompensa** de colocar o cinto? Preservar sua vida no caso de um acidente – baita recompensa.

Então a parada é: inserir **deixas** no seu dia a dia, pra que essas possam **desencadear os novos hábitos** que você tá querendo implementar – no caso, estudar inglês.

Eu faço isso direto!

Pra escrever esse livro, eu criei o **hábito** de escrever todo dia após tomar café da manhã, logo assim que eu termino o café e lavo a xícara (**deixa**).

Quando eu faço isso, automaticamente eu já lembro de ir pra escrivaninha e começar a escrever minha meta diária (**rotina**).

Após fazer isso, eu fico extremamente satisfeito por estar conseguindo realizar um sonho (**recompensa**).

Pronto, hábito implementado com sucesso.

Percebeu que a minha recompensa era **realizar o sonho de escrever um livro?**

A **recompensa** de um novo hábito tem que ser extremamente motivante, pra você!

No caso do **hábito de estudar** diariamente, pensa na possibilidade de **mudar sua vida** como **recompensa!**

Com uma **recompensa** dessa, duvido você não conseguir implementar o **hábito de estudar!**

Ah, não vai pensando que é do dia pra noite que você vai conseguir implementar um **novo hábito.**

O autor diz no livro que a implementação de um novo **hábito** dura em média **66 dias**.

Mas como cada **ser humano é único**, vai depender muito dos objetivos de cada um.

Porém, uma coisa eu já te adianto: se não tiver muita **força de vontade** e muito **querer**, nem tenta.

Queira de verdade e ponto!

Dica extra: implementação de novos hábitos

Toda vez que você estiver querendo implementar algum hábito novo, seja aprender algum idioma, fazer exercícios, dieta ou qualquer outra coisa, imagine duas situações: **o pior cenário possível e o melhor cenário possível.**

Exemplo: você decidiu que não quer mais comer chocolate – vamos logo para uma tarefa árdua.

Pior cenário se você comer o chocolate: se imagine ficando barrigudo, diabético, com uma ferida enorme no pé que nunca cicatriza (complicação da diabetes), sem disposição pra sequer levantar do sofá, sua esposa te trocando por um cara sarado e, por fim, terminando sua vida em cima de um leito de hospital sozinho, vencido pelas complicações da diabetes.

Um cenário realmente sombrio.

Mas logo em seguida do **pior cenário possível**, imagine o **melhor cenário possível.**

Melhor cenário possível se você NÃO comer o chocolate: se imagine emagrecendo, ficando esbelto, esbanjando saúde, disposto, fazendo atividade física, viajando o mundo com a sua esposa e curtindo tudo de melhor que a vida pode proporcionar.

Um cenário de muita luz e alegria!

Como você se sente imaginando essas duas situações? Percebe a diferença? Sente a diferença?

Não sei você, mas só de ler eu sinto literalmente a diferença no meu corpo!

O poder da mente é realmente fascinante, não acha?

Algumas pessoas podem se sentir motivadas a diminuir o chocolate pelo medo do **pior cenário**.

Outras podem se sentir motivadas pela felicidade proporcionada pelo **melhor cenário.**

Se na hora que você for pegar um chocolate pensar dessa forma, eu duvido que você não vai pensar mil vezes antes de comer – seja pensando no pior ou no melhor cenário.

É bom lembrar que quem define o melhor e o pior cenário é você, não eu e nem ninguém.

Use sua mente e seus pensamentos em seu favor, não contra.

Se você quiser mais dicas específicas de como **estudar de forma produtiva**, eu te indico muito (mas muito mesmo!) o canal no *youtube* "**seja uma pessoa melhor**".

É um dos canais mais educativos que tem no *youtube* e com certeza vai te ajudar de alguma forma.

CAPÍTULO 11:
DESENVOLVENDO INTELIGÊNCIA EMOCIONAL

"Emoções fora de controle fazem das pessoas espertas, estúpidas." (Daniel Goleman)

No **capítulo 4**, eu disse que a inteligência é – na maioria das vezes – fruto de muito esforço e dedicação, lembra?

Portanto, qualquer pessoa pode ser inteligente – desde que esteja disposta a se dedicar para isso.

Se tem um tipo de inteligência que você precisa aprender a desenvolver pra ter sucesso em todos os aspectos da sua vida, essa é a **inteligência emocional.**

A **inteligência emocional** é fundamental para as relações interpessoais – e como vivemos em sociedade, você precisa disso.

Pra ajudar nessa busca por adquirir inteligência emocional, eu te indico como livro de cabeceira o *best-seller* ***"Inteligência emocional"***, do psicólogo *Daniel Goleman.*

O livro é muito bom!

Para *Goleman*, o coeficiente intelectual (QI) de uma pessoa contribui com apenas 20% do nosso sucesso na vida – os 80% restantes são o resultado da **inteligência emocional**, que inclui fatores como a habilidade de se **automotivar**, a **persistência**, o controle dos **impulsos**, a regulação do **humor**, **empatia** e **esperança.**

Eu concordo muito com ele!

No meio acadêmico – qual eu convivo diariamente –, conheço pessoas que são detentoras de "elevados QI's", com diplomas e mais diplomas, mas são ignorantes – emocionalmente falando.

Não conseguem lidar, minimamente, com suas emoções perante situações simples do dia a dia.

Sério, para e presta atenção por um minuto em cada uma dessas palavras: *automotivação, persistência, impulsos, humor, empatia e esperança.*

Agora me diz: tem como você viver nos dias de hoje sem saber lidar com essas **emoções**?

Definitivamente, não.

Nos capítulos anteriores, nós falamos sobre várias dessas emoções.

Elas estão presentes em todos os momentos da vida de qualquer pessoa – inclusive na minha e na sua.

O laço entre a vida e as emoções é indefectível.

Só que ao contrário do que muitas pessoas dizem, você pode, sim, se tornar uma pessoa mais **inteligente emocionalmente**.

Não tenha essa de que "eu sempre fui assim".

Esquece isso.

Mais uma vez, o que você precisa é **estudar e** buscar **conhecimento** sobre como se tornar mais **inteligente emocionalmente**.

Eu fiz isso e, sempre que posso, tento convencer alguém a fazer também.

E vou te falar: foi sem dúvidas uma das melhores escolhas que eu fiz na minha vida!

Ser mais **inteligente emocionalmente** me proporcionou um melhor relacionamento com amigos, alunos e familiares – além de melhorar o meu relacionamento comigo mesmo.

As relações amorosas são grandes responsáveis pelo desenvolvimento da **inteligência emocional –** as vezes até demais –, não acha?

Em um casamento, por exemplo, ou o casal se torna mais **inteligente emocionalmente**, ou ele acaba.

Simples assim.

Você precisa aprender a **controlar** seus **impulsos** e o seu **humor**.

Precisa ter **empatia** – ou seja, a capacidade de se colocar no lugar do outro.

Precisa ter **persistência** pra superar os momentos difíceis – que sempre vão acontecer.

Relacionamentos são como uma "chuva de emoções". Às vezes com tempestades e trovões. Às vezes com uma simples e agradável garoa.

Se você está ou já esteve em um relacionamento conjugal, sabe que é uma experiência e tanto para se "treinar" a **inteligência emocional**, não é verdade?

Assim como muitas pessoas, eu já fui bem "instável" emocionalmente. Era muito ansioso, mal-humorado pela manhã, impulsivo, dentre outras coisas.

Hoje em dia, ainda não sou nenhum *Mahatma Gandhi* da vida – quem sabe um dia.

Mas hoje, sou muito mais dono das minhas **emoções** do que elas de mim.

Se você ainda não entendeu a importância de ser inteligente emocionalmente, você deve estar se perguntando:

"Por que afinal tem esse capítulo no livro, Alex?"

Simples. Porque sem **inteligência emocional** você não vai conseguir mudar sua vida – pelo menos não por muito tempo.

Você precisa estar emocionalmente preparado pra enfrentar todos os desafios que virão pela frente nessa luta por ter uma vida melhor, acredite.

Pra isso, você precisa:

- *Ter **automotivação** quando ninguém acreditar em você.*

- *Ter **persistência** pra manter-se estudando horas e mais horas enquanto os outros se divertem.*

- *Ter **esperança** e **fé** que dias ruins sempre passam.*

- *Controlar a **raiva** quando ouvir coisas desagradáveis de pessoas idiotas.*

- ***Valorizar** mais os ganhos do que as perdas.*

- *Aprender que erros e problemas são sempre oportunidades disfarçadas para você **crescer como pessoa**.*

- *Desenvolver a habilidade de **aceitar críticas** e evoluir com elas.*

- *Criticar de forma **gentil** e com foco em propor **soluções**.*

- *Se empenhar para ter **empatia** com as situações dos outros.*

Se você procurar tornar-se uma pessoa mais **inteligente emocionalmente**, não tenho dúvidas que todos os aspectos da sua vida vão melhorar!

Todos mesmo!

Quando todos estiverem cansados? Mantenha-se firme.

Quando todos estiverem estressados? Mantenha-se calmo.

Quando todos estiverem desanimados? Mantenha-se confiante.

Assim, quando todos desistirem, você vencerá!

CAPÍTULO 12:
DESENVOLVENDO INTELIGÊNCIA FINANCEIRA

"As pessoas que dizem não ligar pra dinheiro, ainda não sentiram na pele a falta que ele faz." (Alex Oliveira)

Vivemos em um mundo capitalista, isso é fato.

Portanto, todo ser humano que queira **prosperar** na vida tem que saber lidar com o **jogo do dinheiro**.

Se você não tiver **Inteligência financeira**, pode ter certeza que o seu dinheiro vai fluir paras as mãos de quem tem.

Outro fato, é que ninguém te ensina sobre dinheiro na escola e nem na faculdade.

Isso é um problema nacional – pra não dizer mundial.

Eu trocaria uma dezena de matérias que aprendi na escola, mais uma dúzia que aprendi na faculdade, por uma única matéria: **educação financeira**.

Pena que eu só fui aprender isso agora, com quase 30 anos de idade.

Mesmo assim, ainda aprendi em tempo de organizar definitivamente minha **vida financeira**.

E como que eu aprendi? Estudando, claro!

Lembre-se: **estudando você aprende o que quiser.**

Me diz aí: Você já teve vontade de comprar uma roupa e não poder por não ter dinheiro suficiente?

Já deixou de ir a algum restaurante por achar caro?

Já deixou de fazer alguma viagem por estar sem grana?

Seu dinheiro acaba primeiro que o mês?

Você vive entrando no cheque especial?

Você nunca consegue poupar nada do seu salário?

Se você respondeu "sim" pra alguma dessas perguntas, só tenho uma coisa pra te dizer: *tamo junto!*

Eu já passei por tudo isso aí.

Quando eu era um duro, que não tinha *"uma sardinha pra dar pro gato"*, senti na pele a falta que o dinheiro faz.

Quando eu consegui finalmente ganhar um pouco de grana, senti na pele a falta que a **inteligência financeira** faz.

Você pode ser pobre, classe média, rico ou estagiário – coitados dos estagiários.

Não importa.

Em todas essas circunstâncias ter **inteligência financeira** vai te ajudar – por isso que eu coloquei esse capítulo no livro.

A ideia é tornar você um pouco mais **inteligente financeiramente** e te ajudar a alcançar seus objetivos que dependem de dinheiro.

Pra isso, eu separei algumas dicas que fizeram a diferença na minha vida e, com certeza, podem fazer na sua também.

Essas dicas vão ser importantes pra você ir em busca da sua **independência financeira**.

A propósito, você sabe o que significa "independência financeira"?

Independência financeira é quando uma pessoa ou um casal pode viver apenas dos **rendimentos** (aluguéis, investimentos, poupança, etc) – sem precisar de salário ou depender de aposentadoria.

Ou seja: pra isso, os seus **rendimentos** devem ser maiores que os seus gastos mensais.

Por exemplo: se o seu custo de vida hoje é de R$ 4 mil reais mensais e você tem rendimentos que cubram esse valor, parabéns, você é **independente financeiramente**.

Você se imagina nessa situação?

É **liberdade** pra você fazer o que **gosta** sem precisar trabalhar pra ninguém – ou trabalhar só com o que você realmente tem **prazer** e quando quiser.

Esse é conceito de **independência financeira**.

Eu já citei algumas vezes ao decorrer do livro, mas não custa lembrar: **somos criaturas de hábitos**.

Portanto, uma coisa que precisa ficar bem entendido na sua mente sobre inteligência financeira é:

"O hábito de administrar o dinheiro é mais importante do que a quantidade de dinheiro que você tem."

Mas afinal, o que realmente eu aprendi estudando sobre inteligência financeira e como eu aplico esse conceito na minha vida?

Vamos lá!

Dica 1: Pague-se primeiro

A primeira coisa que você tem que fazer é abrir uma **conta digital** – esquece as contas convencionais – e batizá-la de **conta da independência financeira.**

Mas por que uma **conta digital** e não uma convencional?

Porque na **conta digital** você não paga tarifa nenhuma e fica livre de um monte de burocracias!

Não tem taxa de manutenção.

Não tem taxa para transferência entre bancos.

Não tem anuidade pra cartão de crédito.

Não tem nada!

Existem várias contas digitais atualmente.

Faz uma pesquisa no *Google* e abre uma em um banco que te agrade mais – você abre a conta de forma online mesmo.

Depois, não importa se você ganha R$ 500,00, R$ 1.000 ou R$ 10.000 reais, **guarde sempre 10% do valor** nessa conta.

A filosofia é simples: **pague-se primeiro!**

Se você for procurar saber mais sobre essa dica, vai ver que ela é usada por várias pessoas bem-sucedidas financeiramente.

Ou seja: pessoas que tem **inteligência financeira.**

Eu já li essa dica em pelo menos 3 livros: *"O homem mais rico da babilônia"*, do *George Clason*; *"Os segredos da mente milionária"*, do *T. Harv Eker*; e *"Pai Rico, Pai Pobre"*, do *Robert Kiyosaki.*

O dinheiro que você colocar nessa conta só deve ser usado para investir e para comprar ou criar fluxos de **rendimentos passivos.**

Rendimento passivo é o que vai salvar a aposentadoria medíocre que o governo vai te dar no futuro!

Imagine essa conta como uma empresa que você está criando.

E cada um real que você colocar nela, é um "empregado" seu.

Eles trabalham pra você agora.

E o que esses "empregados" vão fazer? Colocar dinheiro no seu bolso!

E o melhor, você não precisa pagá-los. Eles trabalham de graça pra você 24 horas por dia!

Isso é o chamado **rendimento passivo.**

Mas quando que você vai começar a gastar esse dinheiro?

Nunca! Jamais! Em hipótese nenhuma!

Quando você se aposentar, vai passar a usar os **rendimentos** dessa conta, mas não o valor principal.

Assim, ele estará sempre crescendo e você nunca ficará na mão.

Desde que eu comecei a seguir essa regra, não importa de onde vem o dinheiro – salário, palestra, curso ou consultas particulares –, eu **sempre tiro 10%** e separo pra **investir.**

Bota os juros compostos pra trabalhar em seu favor, meu filho!

Se você não saca nada sobre investimentos, relaxa.

Eu também não sacava e, **estudando**, vi que não é nenhum bicho de sete cabeças.

E nem adianta falar que você precisa de muito dinheiro pra **investir.**

No **tesouro direto**, por exemplo, você consegue **investir** a partir de **R$ 30,00 reais** – e é muito melhor do que a poupança – na maioria das vezes.

Depois eu vou dar umas dicas de canais e redes sociais sobre investimentos, vai te ajudar.

"Mas eu sempre paguei as contas primeiro."

Tá errado!

Uma pesquisa feita em 2017 pelo serviço de proteção ao crédito – o famoso SPC –, constatou que **apenas 7% dos** brasileiros reservam um valor fixo por mês para investir – eu acho que esse número é menor ainda.

Faça parte desses 7%, não dos outros 93%.

Fazer o que todo mundo faz não vai te levar a lugar algum!

Toda vez que você se encontrar fazendo a mesma coisa que todo mundo, é hora de parar e pensar.

Não siga a boiada.

A maioria das pessoas pensam: *"Vou pagar as contas e se sobrar eu junto alguma coisa."*

O que acontece?

Gastam tudo e não juntam nada – eu fiz muito isso.

Quando você se compromete a **pagar-se primeiro**, você tem que dar o seu jeito de pagar as contas e passar o resto do mês com o que sobrou.

Dessa forma, você evita comprar um monte de **coisas desnecessárias** que compraria se estivesse com aqueles 10% que "sobrariam" na sua mão.

Sem falar que você vai criar o **hábito de poupar**.

Sempre falo que os semelhantes se atraem: *felicidade atrai felicidade; tristeza atrai tristeza; e dinheiro chama dinheiro!*

Cada vez que você ver a conta da **independência financeira** crescendo, vai se sentir mais motivado a poupar e, consequentemente, gerar cada vez mais **rendimentos passivos.**

É um caminho sem volta e com um **final feliz!**

Vai por mim, isso é maior *bizu!*

Dica 2: Tenha uma conta da diversão.

Depois de **pagar-se primeiro**, você já pode ir pagando as contas e sair gastando o resto, certo? Ainda não.

Eu te aconselho fortemente que você abra mais uma conta digital – afinal você não paga nada por isso – e crie a **conta da diversão** – adoro essa conta!

Nessa conta, você vai colocar **outros 10%** de tudo que você ganhar, especificamente pra gastar e curtir.

> *"Mas como assim, não vai sobrar nada pra eu pagar as contas?"*

Vai sim, fica tranquilo.

Com **tempo e disciplina** as coisas só melhoram, vai por mim.

O objetivo principal da conta da diversão é sua satisfação.

Ela deve te dar a oportunidade de fazer coisas que normalmente não faria – extravasar mesmo, pedir a comida que você quer sem olhar para o canto direito do cardápio ou viajar em um final de semana qualquer.

Essa grana você vai **gastar do seu jeito.**

Você não tem noção do **prazer** que dá fazer isso!

Sabe por quê?

Porque você gasta com a **consciência tranquila**, sabendo que você já **reservou** um dinheiro pro seu futuro (**conta da independência financeira**) e ainda assim tá conseguindo se **divertir** – sem comprometer seu orçamento.

Não é maneiro?

Eu adoro a conta da diversão e não abro mão dela de jeito nenhum!

Claro que o que vai dar pra fazer com esses 10% vai depender de quanto você ganha. Mas isso é bom.

Assim, você vive dentro das **suas condições**, gasta com o que **realmente te diverte** e não fica gastando além da conta pra **impressionar** ninguém.

Porque é isso que a maioria das pessoas fazem: **compram coisas que não precisam, pra impressionar pessoas que nem conhecem.**

Se você seguir essas duas primeiras dicas, vai conseguir juntar uma grana pra garantir o seu futuro e ainda vai se divertir.

"Mas se sobrar ou faltar dinheiro no final do mês?"

Se sobrar: coloca na conta da independência financeira.

Se faltar: se vira pra fazer mais dinheiro – de forma lícita claro – ou diminuir os seus gastos – assunto da próxima dica.

Dica 3: Controle seus gastos.

Aqui não tem mistério.

Só existem duas formas de ter riqueza lá na frente: **ganhar mais ou gastar menos**.

Não tem enrolação.

Dependendo do que você faça da vida, não vai ser tão simples ganhar mais grana de um dia pro outro.

Mas gastar menos, é algo que você pode começar nesse exato momento.

Se eu te perguntar quanto você gastou no último mês com alimentação na faculdade, você saberia responder?

E com transporte?

E com lazer?

Instrução?

Saúde e bem-estar?

A maioria das pessoas não tem a menor ideia de como gasta o seu dinheiro, simplesmente gastam.

Eu fui assim durante quase toda minha vida e hoje vejo o quanto isso faz diferença.

As pessoas até sabem quais são os seus **gastos grandes**, como prestações, financiamentos e contas mensais.

Mas os **gastos pequenos,** como o lanchinho de todo dia e a saidinha no final de semana, não fazem ideia.

E esses é que são os verdadeiros **ladrões de renda** que fazem as coisas desandarem.

Pra começar a reduzir os gastos, você tem que fazer **escolhas** e ter **disciplina**.

Lembre-se: **você é responsável pelas consequências dos seus atos.**

Ninguém tá apontando uma arma pra sua cabeça e determinando que carro deve ter, que roupas deve usar ou que comida deve comer, certo?

Então pronto.

É uma questão de prioridades:

*"Quem pensa pequeno opta pelo **agora**, as pessoas sensatas – geralmente ricas – optam pelo **equilíbrio**."*

Eu por muito tempo tive uma mentalidade financeira bem errada, achava que "dinheiro é pra gastar mesmo e que se dane!".

Hoje não penso mais assim, felizmente.

Quer ver um exemplo.

Como eu tive uma infância bem limitada financeiramente – era pobre mesmo –, meus pais não tinham grana pra ficar gastando com besteiras.

Mas criança gosta de gastar com besteira, né?

Toda criança quer um brinquedo novo, quer uma roupa da moda, uma bola de futebol maneira, etc.

Todo adolescente quer uma roupa de marca que os colegas estão usando, quer sair no final de semana e pagar um *podrão* na esquina pra namoradinha, isso é normal.

Mas meus pais não tinham muita grana pra essas coisas.

Então tudo era *contadinho* – olhar o preço era a primeira coisa a se fazer.

Poucas foram as vezes que meu irmão e eu convencemos nossos pais a comprar um tênis ou uma roupa maneira, por exemplo.

Eles eram sensatos, não estavam errados.

A **prioridade** era manter comida dentro de casa, não comprar tênis de marca.

Só que eu cresci meio que com um **pensamento ruim** em relação a dinheiro.

Eu queria ganhar o meu dinheiro pra poder gastar do jeito que eu quisesse – por isso comecei a trabalhar cedo.

Pra você ter noção, até pouco tempo eu **comprava as coisas sem saber o preço**.

Eu ia no mercado comprar alguma coisa, aí quando alguém me perguntava o preço, eu respondia: "Sei lá!".

Agora tu vê se tem cabimento isso? Parei.

Hoje em dia eu sei o preço de tudo, absolutamente tudo que eu compro.

Mas eu não fazia isso por acaso.

Como minha família sempre se preocupou muito com o preço das coisas, acabei crescendo com um **sentimento de negação** em relação a isso.

Ou seja: *"vou comprar e não quero nem saber o preço."*

Eu pensava: *"se eu tenho dinheiro, não importa quanto seja, eu vou comprar."*

Pra você ter uma ideia, quando eu consegui meu primeiro emprego com carteira assinada, com 17 anos, eu gastava todo o meu salário com besteiras – na época era algo em torno de R$305,00 reais.

Lembro que ganhando isso eu comprei um tênis de R$500,00, tem noção?

Agora me diz: pra que isso?

Comprei uma coisa que eu não precisava, pra impressionar pessoas que eu nem conhecia.

E ainda achava que estava "tirando onda".

Talvez você não concorde comigo, ou talvez sim, mas quase sempre, comprar coisas para o **prazer imediato** não passa de uma tentativa fútil de compensar a **insatisfação com a vida.**

Acredito que você seja jovem e provavelmente não tenha ainda o controle financeiro da sua vida.

Isso é normal.

Mas cara, pensa bem antes de sair gastando o dinheiro que você rala pra caramba pra conseguir.

Se eu tivesse a **inteligência financeira** que eu tenho hoje, lá atrás com os meus 18-20 anos, estaria bem mais perto de não precisar trabalhar mais pra ninguém.

Na boa, pensa nisso.

Pra finalizar, eu te aconselho a **controlar seus gastos diariamente.**

Eu uso o aplicativo *wisecash*.

Ele é fácil de usar e vai te ajudar a responder no final do mês todas aquelas perguntas sobre os seus gastos que eu fiz no começo dessa dica.

Mais uma vez: **torne isso um hábito.**

Bora pra última dica que vai fazer você ficar *top* na inteligência financeira!

Dica 4 – Adquira ativos e não passivos.

Você sabe a diferença entre um **ativo** e um **passivo**, financeiramente falando?

Talvez você saiba o que os conceitos de contabilidade tradicionais dizem.

Mas não é essa definição que é a mais importante e prática pra sua vida.

Eu não sabia, até ler um dos livros mais incríveis sobre **inteligência financeira**: *"Pai Rico, Pai Pobre"*, do autor *Robert Kiyosaki*.

Esse livro é tipo a **bíblia das finanças pessoais**, sabe?

Ele muda completamente a sua maneira de pensar sobre dinheiro e investimentos.

Nele, o *Robert Kiyosaki* deixa claro a diferença entre um ativo e um passivo – com uma visão bem peculiar.

É simples: ele diz que um **ativo** é tudo aquilo que coloca dinheiro no seu bolso; e um **passivo** é tudo aquilo que tira dinheiro do seu bolso.

Quando eu li o livro, eu me dei conta que eu não tinha nenhum **ativo**!

Eu achava que tinha, por ter casa e carro próprio.

Que nada.

Por exemplo. Provavelmente – assim como eu achava –, você deve achar que comprar uma casa ou apartamento é adquirir um **ativo**, certo?

Errado. Sua casa e a minha são passivos.

Ou seja: elas tiram dinheiro do nosso bolso o tempo todo.

É água, luz, gás, internet, telefone, condomínio, IPTU, financiamento (geralmente com juros altíssimos), etc.

Tudo isso vem no pacote da casa própria.

Ou seja: **tudo isso tira dinheiro do seu bolso.**

"Ah, então devo morar de aluguel em vez de comprar uma casa?"

Depende.

Se o valor do aluguel for bem menor que o valor da prestação do financiamento, por que comprar logo?

Não seria melhor **juntar** essa diferença, **investir**, fazer **mais dinheiro** com esse dinheiro – adquirindo **ativos** – e, depois, comprar a sua casa com uma boa entrada e pagar menos juros?

É matemática simples.

Mesma coisa com veículo.

Eu achava que o meu carro era um **ativo**, por ser um "bem" que eu poderia vender em qualquer momento de aperto.

Mas na verdade, ele é um passivo, pois me tira dinheiro todo mês.

Quando eu passei a controlar meus gastos diariamente, eu vi realmente o quanto meu **carro** era **passivo**.

Me tira dinheiro pra combustível, manutenção, IPVA, seguro, financiamento (eu fiz essa burrice), etc.

Ou seja: um grande **passivo**.

Agora vamos dizer que eu pegue o meu carro e alugue pra algum motorista de *uber*?

Aí o cenário muda.

O meu carro se tornaria um **ativo**, pois agora ele vai passar a colocar dinheiro no meu bolso, não tirar.

Sacou?

Aqui em casa eu tenho o que eu chamo de *"passivão"*: o **pug waldick** (meu filho de quatro patas).

Ter um cão é gasto todo mês com: alimentação, veterinário, roupas, brinquedos, etc.

É igual um filho mesmo.

Mas esse *"passivão"* eu te aconselho a ter. Sabe por quê?

> *Porque tudo de dinheiro que um cão tira do seu bolso, ele coloca de amor e companheirismo na sua vida.*

Então pra mim, esse **passivo** vale muito a pena, mesmo tirando dinheiro do meu bolso.

Mas e pra você, como vale a pena gastar o seu dinheiro?

Pode ser que você queria gastar comprando um carro ou uma moto pra *"tirar onda"*.

Pode ser que você queira comprar um *combo* da bebida mais cara na noite.

Pode ser que você queira comprar as roupas mais caras....

Tudo isso aí pode ser.

O dinheiro é seu e você gasta da forma que você quiser.

Mas se for pra fazer isso, que faça de forma **consciente** e não porque **todo mundo faz**.

Faça porque você quer e porque isso te faz bem de verdade.

Como já vimos, a relação com o dinheiro não precisa ser antagônica: *pra viver bem eu não posso poupar dinheiro ou pra poupar dinheiro eu preciso deixar de viver.*

Nada disso.

Seja **consciente** do que você faz com o seu dinheiro, só isso.

Mais que isso, seja **consciente** do que você faz com a sua vida.

Pessoas **conscientes** sabem exatamente o que estão fazendo e porque estão fazendo – até mesmo quando estão errando.

Pessoas **alienadas** simplesmente fazem.

Como diz o grande filósofo *Mario Sérgio Cortella* – que eu sou muito fã:

"*Alienado é aquele que não pertence a si mesmo.*"

Agora que você leu até aqui, você tem muito mais **inteligência financeira** que a maior parte da população brasileira.

Portanto, use seu dinheiro com **sabedoria** e **inteligência**, não seja **alienado**.

Dicas finais para aprender mais sobre inteligência financeira

Pra finalizar, vou dar algumas dicas de canais e redes sociais que vão te ajudar a entender mais sobre **educação financeira** – caso você queira, claro.

Canal *"Me poupe!"* da *Nathalia Arcuri*

Esse canal do *youtube* é muito bom pra aprender sobre dicas básicas de planejamento financeiro, investimentos para iniciantes, tesouro direto, dentre outras coisas.

A *Nathy* (como ela é chamada), é meio doida – pra não dizer muito doida.

Mas isso que é o legal, pois ela faz assuntos chatos se tornarem leves e descontraídos – gosto de gente assim.

Canal do *Gustavo Cerbasi*

O *Gustavo Cerbas*i é tipo o guru das finanças, tá ligado?

No *youtube* ele dá várias dicas rápidas e ajuda muita gente a entender sobre assuntos relacionados a **educação financeira**.

Ele também tem vários livros legais, vale a pena conferir!

Existem muitos outros canais interessantes sobre **educação financeira** no *youtube*, procura aí que com certeza vai ter mais algum pra te ajudar.

Perfil @dicasfinanceiras no *Instagram*

Essa página é gerenciada pelo Douglas Gonçalves, o cara que me convenceu a abrir uma conta digital – Valeu, Douglas!

Ele faz várias postagens sobre dicas de investimentos e planejamento financeiro, quase que diariamente.

Sem falar que ele é super solícito e responde todas as dúvidas dos seus seguidores.

Vai lá e confere, com certeza o conteúdo vai te ajudar a organizar sua vida financeira.

Só pra constar: não estou ganhando nada indicando essa galera, beleza?!

Só estou compartilhando porque realmente acho que eles compartilham um conteúdo de valor.

Então é isso....

Espero, sinceramente, que você tenha entendido que o dinheiro é uma parte **fundamental** da vida de qualquer pessoa.

Portanto, quando você aprender a colocar as suas finanças sob o **seu controle** e parar de fazer o que todo mundo faz, todos os setores da sua vida andarão bem.

E é bom que você tenha noção que isso não tem nada a ver com ser "materialista" ou só "pensar em dinheiro", nada disso.

Controlar suas finanças é saber jogar o **jogo do dinheiro** – e como vivemos em um mundo capitalista, todos nós estamos inseridos nesse jogo.

E o que acontece se você entra em um jogo no qual não sabe jogar?

Você perde.

CAPÍTULO 13:
ESTUDE AS PESSOAS DE SUCESSO

"Escute aqueles que já conquistaram aquilo que você deseja conquistar um dia." (Alex Oliveira)

Na vida, existem basicamente duas formas de aprender: com as suas **próprias experiências** ou com a **experiência dos outros.**

Na primeira (próprias experiências), geralmente, você erra pra caramba até conseguir aprender ou ter sucesso em alguma coisa.

Vamos imaginar uma historinha de dois personagens pra ilustrar isso: o *sabetudo* e o *aprendetudo*.

Ambos tinham o sonho de serem grandes empresários.

O *sabetudo* era o típico cara que se achava o mais esperto e independente do mundo, que fazia tudo sozinho e não escutava ninguém.

Estudar? Estudar pra quê, ele era foda!

Ele tinha as "melhores ideias" de negócios, tinha sempre uma "treta" pra ganhar dinheiro "fácil" e a certeza que seria um grande empresário – pois ele *"sabia tudo"* que precisava pra se ganhar dinheiro.

Ele vivia tentando alguma coisa nova, mudava de ramo toda hora, mas **ignorava seus erros** durante o processo de cada tentativa malsucedida.

110

Sempre buscava o caminho do *"menor esforço e maior ganho"*.

Só dava ouvidos para os "amigos" – que no geral eram tão quebrados e egocêntricos quanto ele.

Resumindo: o **sabetudo** vive quebrando a cara até hoje, mas não muda uma palha das suas atitudes.

O ***aprendetudo*** era diferente.

Ele quebrou a cara várias e várias vezes antes de conseguir ter sucesso como empresário.

Mas, em cada erro ele tirava uma lição e procurava aprender algo novo – **não ignorava os erros**.

Atento ao processo de aprendizagem proporcionado pelas suas experiências malsucedidas, o ***aprendetudo*** percebeu que muitas coisas iam muito além do seu conhecimento, então procurou estudar.

Estudou as pessoas que tinham conseguido aquilo que ele desejava conseguir – lendo livros e biografias –, conversou com empresários bem-sucedidos da região e, então, as coisas começaram a acontecer.

Resumindo: o ***aprendetudo*** se tornou um empresário de sucesso e continua crescendo e estudando cada vez mais.

Qual a lição que você deve tirar dessa história?

Aquele que erra repetidamente e continua a fracassar, não está aprendendo com as suas experiências e muito menos está buscando aprender com a experiência do outro – nosso amigo *sabetudo*.

Já a pessoa que triunfa, aprende com as suas experiências e busca aprender com a experiência de sucesso do outro – nosso amigo *aprendetudo*.

Você prefere dar ouvidos ao *João ninguém* que vive sentado no bar da esquina da sua rua ou escutar alguém que tem a vida que você sonhou um dia?

Então mensagem principal desse capítulo é simples:

Aprenda com os seus erros e com a experiência das pessoas de sucesso.

Eu fiz isso durante a minha graduação e continuo fazendo até hoje na minha vida.

O *Tony Robbins* chama isso de **modelagem**, no livro *"Poder Sem Limites"*.

Mas eu nem sonhava que esse livro existia e já "modelava" as pessoas.

Por exemplo. Eu sabia que queria ser professor praticamente desde o primeiro dia que entrei na faculdade.

Então o que eu fiz? Estudei os professores que me inspiravam.

Eu procurei saber o que eles tinham feito pra conseguir se tornarem professores, simples assim.

O que eles estudaram? Se fizeram mestrado? Doutorado? Pesquisa científica? Monitoria? Se precisava aprender inglês? Como foi o processo seletivo? Etc...

Eu estudei em especial o meu mentor, o Prof. Dr. Júlio Guilherme Silva – um dos maiores nomes da fisioterapia no Brasil –, que me orientou em toda minha vida acadêmica e hoje é um grande amigo.

Após **estudar e aprender com as pessoas que já tinham conseguido aquilo que eu desejava conseguir**, eu apliquei o que era viável na minha vida, do meu jeito.

A ideia não é copiar cegamente a pessoa, mas sim estudar de forma criteriosa e ver o que é viável pra você aplicar na sua vida, sacou?

Mais uma vez, a ideia é simples: **estude as pessoas que já conseguiram aquilo que você deseja conseguir e aprenda com a experiência delas.**

Por que chutar a pedra no caminho se você pode pulá-la?

Pra que pisar em um prego que você já sabe que vai doer?

Durante a sua trajetória, você vai errar, isso é inerente a vida.

Mas você pode evitar muitos erros aprendendo com a experiência (erros e acertos) de outras pessoas.

Você sabia que *Jorge Paulo Lemann*, um dos maiores empresários do Brasil – se não o maior –, fez isso durante toda a construção do seu império?

Ele dizia antes de começar algum negócio: *"Pra que começar do zero se é possível aprender com os melhores do mundo?"*

Então ele mandava seus homens de confiança visitarem as melhores empresas do mundo no segmento em que eles estavam entrando, copiavam as práticas da empresa, adequavam para a realidade brasileira e implementavam no seu negócio.

É tipo: **melhore algo que já funciona bem e coloque em prática do seu jeito.**

Foi assim quando eles compraram as lojas americanas.

Eles modelaram o *walmart* e se tornaram uma das maiores lojas varejistas do país.

Assim pode ser com pessoas de sucesso.

Quer ser um empresário de sucesso, que tal estudar o *Jorge Paulo Lemann*?

Quer ser um escritor *best-seller*, que tal estudar como o *Augusto Cury* conseguiu?

Eu fiz isso e agora estou colocando em prática do meu jeito.

Mas lembre-se: **estudar as pessoas de sucesso não é o bastante, é preciso aprender com as suas próprias experiências.**

CAPÍTULO 14:
ESTUDE A SI MESMO
"Conhecer a si mesmo é o começo de toda sabedoria."
(Aristóteles)

Até aqui, você já aprendeu um monte de **dicas** que podem **mudar a sua vida** – assim como mudou a minha.

Mas qual dessas dicas podem ser realmente úteis pra você: Todas? Nenhuma? Algumas?

Pra você ter essa resposta, **é preciso estudar a si mesmo**.

Estudar a si mesmo, é a arte de adquirir o conhecimento que poucas pessoas têm: o **autoconhecimento**.

Vou te fazer algumas perguntas e ver como anda o seu **autoconhecimento**:

1 – Qual a sua melhor forma de absorver conteúdo quando você estuda: Ler? Ouvir? Fazer na prática? Escrever? Misturado?

2 – O que te deixa mais motivado para aprender ou fazer alguma coisa: Desafios? Metas pré-programadas? Ajudar alguém?

3 – O que te deixa mais irritado no dia a dia: Trânsito? Pessoas negativas? Seu chefe? Sua esposa ou namorada?

4 – O que te faz feliz de verdade: Fazer seu esporte favorito? Viajar? Curtir com os amigos? Passear com a família?

5 – Quais são os seus medos: Medo do fracasso? Medo de críticas? Medo da morte? Medo da velhice?

Agora eu quero que você seja sincero: você conseguiu responder com convicção todas essas perguntas?

Se sim, ótimo. Você tem um bom **conhecimento** sobre si mesmo.

Se não, você precisa estudar mais a **pessoa mais importante** da sua vida: **você**.

Como chegar no seu **potencial máximo**, se você não sabe qual é a sua melhor forma de aprender?

Como se manter **automotivado** em busca dos seus objetivos, se você não sabe o que realmente te motiva?

Como **evitar se aborrecer** no dia a dia, se você não consegue identificar claramente quais são as coisas ou pessoas que te tiram do sério?

Como ser **feliz,** se você não sabe o que realmente traz **felicidade** pra sua vida?

E por último – porém não menos importante –, como superar seus **medos**, se você nem sabe quais são?

Todas essas respostas devem estar muito claras na sua mente!

Estudar a si mesmo é uma tarefa sua com você mesmo.

Ninguém sabe mais sobre você do que você mesmo.

*Estudar a si mesmo é uma **tarefa indelegável**.*

No próximo capítulo eu vou te dar algumas dicas de como desenvolver seu **autoconhecimento** e responder melhor a essas perguntas feitas anteriormente.

CAPÍTULO 15:
OS 5 PILARES DO AUTOCONHECIMENTO PARA O SUCESSO

"Seus maiores inimigos não estão fora, mas dentro de você." (Augusto Cury)

As dicas desse capítulo são baseadas no que eu chamo de **"os 5 pilares do autoconhecimento para o sucesso pessoal"**.

Eu inventei esse nome agora – achei que ficou legal –, com base na minha experiência de vida e tudo que eu já estudei.

Se você dominar esses **5 pilares**, acredito que você vai ser uma pessoa muito mais **inteligente** em relação a si mesmo e com maior capacidade de **direcionar as mudanças desejadas em sua vida.**

Pilar 1: Autodidatismo

Autodidatismo é a capacidade de instruir-se ou aprender sem a necessidade de um mentor ou professor.

Como eu já disse anteriormente, se você quiser aprender de verdade alguma coisa, vai ter que **estudar** muito além da sala de aula.

Portanto, saber qual é a sua melhor forma de **aprendizagem** é fundamental pra otimizar esse processo.

Como você se sente mais confortável e **produtivo** quando está **estudando**: Lendo? Escrevendo? Ouvindo a gravação de uma aula? Fazendo algum desenho? Ouvindo e escrevendo? Movendo-se? Parado? Em silêncio? Com música?

As possibilidades são inúmeras.

Mas pra tornar o seu **estudo mais produtivo** e perder menos tempo, você precisa saber se a sua forma de **aprendizagem é visual, auditiva** ou **cinestésica.**

Vou te explicar brevemente como isso funciona.

Como o nome já diz, a pessoa do tipo **visual** tem mais facilidade de aprender por meio de **imagens.**

Essa pessoa prefere estudar por gráficos, fórmulas, diagramas, desenhos e textos.

Ou seja: pra ela, tudo associado a **visão** é mais fácil de aprender.

Já os **auditivos**, registram melhor os conteúdos quando estes estão em formato de **áudio** – desde que não haja ao redor ruídos atrapalhando.

É o cara que gosta de gravar a aula e depois ficar **ouvindo** no ônibus; ou prefere **ouvir** um *audiobook* em vez de ler um livro físico.

E o **cinestésico**? É aquele cara que utiliza muito o **tato** para estudar, focando sempre em **situações práticas.**

Se **mover, tocar, montar** e **desmontar** coisas estimula o seu aprendizado.

É aquele aluno que quando o professor fala que a **"aula é prática"**, os olhos chegam a brilhar.

Eu, como professor, tenho que lidar com isso todo dia.

Por mais que o *Wiliam Glasser* (idealizador da pirâmide de aprendizagem) diga que "**a melhor forma de aprender é ensinando**", nem todo mundo se adapta a isso.

Tem alunos que me pedem pra aula ser expositiva (em formato de *slide)*, porque gostam de **ver** as figuras e copiar o texto (visuais).

Outros preferem que eu escreva no quadro só os tópicos e **fale** mais, pois assim eles conseguem prestar mais atenção na minha **fala** (auditivos).

Alguns já querem aula **prática** todo dia, pois dizem que aprendem melhor **fazendo** (cinestésicos).

Aí me diz: tem como agradar todo mundo?

Nem o maior de todos conseguiu, quem dirá eu.

Mas eu tento.

Sempre procuro variar as aulas, de forma que todos possam ser beneficiados.

Além disso, sempre busco fazer *"atividades livres"*, no qual cada aluno escolhe a forma que quer aprender – seja ele visual, auditivo ou cinestésicos.

Essas são as chamadas **metodologias ativas.**

Não vou entrar muito nesse assunto, mas a **metodologia ativa** promove a inserção do aluno no processo de **ensino** e **aprendizagem**.

O estudante deixa de ser um **agente passivo** (que apenas escuta o professor) e passa a ser um **membro ativo** na construção do saber, por meio de estímulos sobre o conhecimento e análise de problemas.

Ou seja: **o aluno deixa de ser coadjuvante e passa a ser protagonista.**

Como eu já disse várias vezes ao decorrer do livro, **cada ser humano é único.**

Então, acredito piamente que a individualidade de cada um tem que ser respeitada – sempre que possível.

Eu – nem ninguém – não posso impor qual é melhor forma de você aprender.

Quem sabe isso é você.

Eu posso orientar, mas não definir por você.

Então eu te aconselho a estudar a si mesmo, descobrir qual a sua **melhor forma de aprendizado** (visual, auditivo ou cinestésico) e explorá-la!

Isso vai facilitar muito sua vida na hora de aprender qualquer coisa.

Pilar 2: Automotivação

Hoje em dia tá na moda a palavra **motivação.**

Mas poucas pessoas realmente sabem o real significado dessa palavra milagrosa.

Alguns até sabem na teoria, mas não a vivenciam na prática.

As pessoas estão buscando **motivação externa** – em coisas ou pessoas.

Buscam ajuda profissional, procuram amigos e até mesmo desconhecidos – só para ler ou ouvir uma palavra que as **motivem**.

Isso é muito legal.

Afinal, é sempre bom receber uma **palavra de incentivo**.

As palavras têm poder – e os livros são a prova disso.

Mas você não pode esquecer uma coisa: **motivação é uma porta que só se abre pelo lado de dentro**.

Ou seja: só você tem a chave dessa porta, mais ninguém.

Então, por mais que eu ou qualquer outra pessoa tente te motivar, o máximo que a gente vai conseguir é te **incentivar**.

Inclusive, esse é um dos objetivos desse livro: **incentivar você a mudar de vida através dos estudos**.

Mas pra isso, você precisa ter a capacidade de se **automotivar** e não depender de nada que seja externo.

Isso não é nada fácil, mas é determinante para o seu sucesso.

Você tem que acordar **vibrante** pelos seus **objetivos**, não ficar dependente de uma palavra minha ou de qualquer outra pessoa pra se manter **motivado**.

A motivação tem que ser algo intrínseco, tem que vir de dentro de você.

Como você se sente **motivado** para fazer alguma coisa?

Veja bem, não estou perguntando o que você **gosta** de fazer.

A pergunta é: o que te **motiva**?

"Mas não é mesma coisa, Alex?"

Não, não é.

Eu **gosto** de jogar vídeo game, mas não acordo as 06:00 da manhã com disposição pra fazer isso.

Mas eu acordo as 06:00 da manhã pra escrever esse livro.

Sabe por quê? Porque isso me **motiva**!

Saber que eu estou realizando um **sonho** e que ainda posso ajudar muitas pessoas com isso, é algo que realmente me traz **motivação**!

Outra coisa que me motiva são os **desafios** – eu sempre fui bem competitivo.

Eu procuro **competir comigo mesmo**, todos os dias.

Procuro sempre ser melhor do que eu era ontem.

Essa é uma competição saudável. Não fica querendo ser melhor do que o outro, queira ser melhor do que você era ontem.

Você pode fazer isso em várias situações – pra não dizer todas.

Se ontem eu fiz 50 flexões, hoje eu vou querer fazer 51.

Se ontem eu escrevi duas páginas, hoje eu quero escrever duas páginas e meia.

Se estou lendo um livro, eu me desafio a acabar e começar outro em um determinado tempo.

Eu falo pra mim mesmo:

"Duvido você conseguir juntar 10 mil reais em 10 meses!"

"Quero ver corrigir todas as provas no mesmo dia!"

E por aí vai.

O legal é que eu sempre associo esses **desafios** as minhas **metas**.

Por que eu me **desafiei** a corrigir todas as provas no mesmo dia?

Pra depois eu poder **curtir** o final de semana em vez de ficar corrigindo provas.

Por que eu me **desafiei** a conseguir juntar 10 mil reais em 10 meses?

Pra fazer uma **viagem** em vez de gastar dinheiro com coisas desnecessárias.

Lembre-se: **a sua automotivação é proporcional a sua capacidade executar metas e encarar derrotas.**

Ou seja: quanto mais **metas** você alcança, mais **motivado** você fica.

Quanto mais **derrotas** você interpreta como **aprendizado** e não como **perdas**, mais você desenvolve a habilidade da **automotivação**.

Pensa aí: qual a sua **meta** para o próximo ano?

Pensa em algo que te **motive** e que faça você dedicar o seu tempo com prazer.

Pensou? Agora coloca num papel e vai com tudo!

Ninguém precisa saber qual é a sua **meta** e muito menos acreditar que você vai conseguir alcançá-la, basta que **você acredite**.

E se você não conseguir?

Levanta a cabeça e tenta novamente, até conseguir!

Pilar 3: Controle do estresse

Todo mundo se sente **estressado** por alguma coisa em algum momento, isso é fato.

Até a pessoa mais *zen* do mundo, em alguns momentos sai do sério.

Acho isso até saudável, às vezes.

Mas isso em longo prazo é **péssimo** pra você.

O estresse causa a liberação de hormônios que aumentam a percepção da dor, como o *cortisol* e o *adrenocorticotrópico* (ACTH).

Os hormônios do estresse também causam tensão muscular – especialmente nas costas e no pescoço.

Tá pensando que é atoa aquela dor no pescoço em dia de prova ou no final de um dia de trabalho estressante?

Olha aí uma possível causa.

Então a chave é: **descobrir o que te deixa estressado**.

Você tem que se **antecipar ao problema**, não o combater.

Prevenir e não remediar.

Pensa em tudo que te **tirou do sério** na última semana.

Tudo que te deixou estressado ou estressada.

Agora pensa como você poderia ter evitado se estressar com isso.

Na maioria das vezes, tudo que nos estressa é nossa culpa.

É uma palavra que você poderia não ter dito, assim não receberia uma resposta indelicada.

É um atraso que você poderia ter **evitado,** acordando mais cedo.

É uma prova difícil, que você poderia fazer tranquilamente caso tivesse se **preparado** adequadamente – estudado.

126

Então pra resolver isso e se tornar uma pessoa menos estressada, tem uma coisa simples que você pode fazer.

Toda vez que algo te aborrecer ou estressar, pensa:

"Como eu posso evitar que isso aconteça novamente?"

Assim, você vai **focar na solução e não no problema**.

Logo, você vai perceber que muitas das coisas que te tiram do sério – pra não dizer quase todas –, são **evitáveis**.

Ou seja: **são culpa sua**.

Claro que existem coisas que são **imponderáveis** e que fogem do nosso controle.

Mas é exatamente com essas coisas que você não deve se aborrecer mesmo.

Se não está ao seu alcance modificar o acontecimento e não é culpa sua, por que se estressar?

Relaxa e segue o jogo.

Não importa o quanto **estressante** ou **difícil** a situação seja, uma hora ela **passa**. Vai por mim.

Pilar 4: Autofelicidade

Esse quarto pilar é mais um *mergulho profundo que você tem que dar em si mesmo*.

Então, não espere nenhuma receita milagrosa sobre **felicidade**.

A resposta do que faz você feliz, só você mesmo pode dar.

Então eu te pergunto: o que te faz feliz?

É uma pergunta **simples**, mas **perturbadora**, não é verdade?

Acho que é uma pergunta que muitas pessoas passam a vida toda sem conseguir responder.

Mas ao mesmo tempo que pouca gente tem essa resposta, acredito que seja o grande **propósito** da vida de todos nós.

Eis mais um paradoxo da vida: **as pessoas querem ser felizes, mas fazem coisas que as deixam infelizes.**

Trabalham com aquilo que não gostam.

Se relacionam com pessoas que não amam.

Convivem em círculos sociais que não suportam.

E por aí vai....

Agora me diz: se o **propósito** da vida é ser **feliz**, por que fazer coisas que te levam exatamente para o caminho oposto?

Porque falta **coragem e autoconhecimento.**

Coragem de botar a cara e fazer o que você quer, não o que todo mundo faz.

Coragem pra escolher a profissão que você sonhou, não a que seus pais ou amigos dizem que vai te dar dinheiro – dinheiro sem felicidade não serve pra nada.

Coragem pra fugir do senso comum.

E o autoconhecimento?

É saber o que te faz realmente **feliz**.

Faz um teste: pergunta pra qualquer pessoa hoje, na sua casa, trabalho ou faculdade: *"O que te faz feliz de verdade?"*

Pode ter certeza que a maioria não vai saber responder.

Sabe por que?

Porque as pessoas entram no **automatismo social** e esquecem de lutar pelos os seus **sonhos**, pela sua **felicidade**.

Chegam em um momento da vida, que nem conseguem mais responder o que as fazem **felizes de verdade.**

Mas se alguma pessoa te responder o que realmente a faz feliz, você faz outra pergunta: *"Então você é feliz de verdade, certo?"*

Aí você analisa a reposta.

Eu faço essas perguntas direto para amigos, colegas, alunos e até desconhecidos – gosto de ouvir histórias.

Algumas pessoas, nem sabem o que realmente as fazem **felizes** e acabam dando uma resposta vaga e sem emoção.

Aos que dizem saber, quando eu pergunto então se eles são realmente **felizes** – já que sabem o que lhes traz felicidade –, a resposta muitas vezes é um **"sim" verbal**, mas um **"não" comportamental.**

Elas dizem que sim, mas os seus **movimentos corporais** e suas **expressões faciais** dizem que não.

Você tem que ser muito "artista" pra conseguir mentir de forma verbal e corporal.

Seus **gestos, olhares e comportamentos**, na maioria das vezes, vão te entregar.

Então existem basicamente 3 situações em relação a autoconhecimento e felicidade:

- Algumas pessoas sequer sabem o que traz **felicidade** pra elas (geralmente são os que fazem o que todo mundo faz);

- Outras sabem, mas não buscam isso pra suas vidas (aceitam "a vida como ela é"); e

- Alguns sabem e buscam colocar em prática em suas vidas a todo custo (esses geralmente são os **felizes de verdade**).

Vou te dar um exemplo de como é difícil a pessoa saber o que traz felicidade pra ela.

Ao terminar o curso de graduação, uma **dúvida** comum dos mais novos recém-formados é: saber em qual área eles devem se especializar.

Como eu sou orientador de trabalho de conclusão de curso (TCC) – disciplina geralmente do último semestre –, muitos alunos me fazem a seguinte pergunta: "Alex, to na dúvida de qual área me especializar. Qual você me indica?"

Alguns professores tendem a indicar áreas que são mais "rentáveis".

Outros indicam seguir a área deles.

Alguns não indicam nada, porque não estão nem aí – infelizmente isso acontece.

Eu, acima de tudo, quero que o meu aluno seja **feliz** na profissão. Ponto.

Então eu pergunto: "Qual a área que você mais se identificou durante a graduação? Qual a área que mais te motiva e traz felicidade?"

"Ah, eu gostei de todas."

Aí eu falo o que eu já escrevi aqui:

> *"gostar a gente gosta de muita coisa, mas nem tudo traz motivação e felicidade genuína."*

Escolha uma área que lhe traga felicidade e motivação, eu respondo.

"Mas não adianta eu fazer o que me faz feliz e não ganhar dinheiro, né?", eles retrucam.

E eu encerro: **não conheço ninguém que faça o que ama e não ganhe dinheiro.**

Aí é decisão é com eles.

Ser, fazer e ter, essa é a sequência do sucesso e da felicidade.

Seja uma pessoa feliz, alegre e motivada; **faça** o que te faz feliz com empenho e dedicação; e **tenha** o retorno financeiro disso no final.

Não inventa de inverter essa ordem, vai por mim.

Então pra finalizar o **pilar número 4**, pergunte-se:

"Eu faço as coisas que me fazem realmente **feliz** ou faço porque todo mundo faz?"

"Eu faço o curso/faculdade que me **motiva** ou faço porque acho que vou ganhar mais dinheiro com ele?"

"Eu trabalho com **prazer** e **satisfação** ou só trabalho pra sobreviver?"

"Eu vou pra balada porque realmente me faz **bem** ou porque todos os meus "amigos" vão?"

Questione-se! Saia do **automatismo social**!

Busque a sua **felicidade**, não a dos outros!

Não estou dizendo pra ser **egoísta**, ok?!

Você deve sim fazer as pessoas **felizes**, isso é **nobre**!

Mas tem como você fazer alguém **feliz** sendo **infeliz**?

Não, a pessoa só pode dar aquilo que tem.

Ninguém é **feliz** o tempo todo, mas você pode – e deve – ser a maior parte do tempo.

Só depende de você.

Coloque a felicidade como obrigação na sua vida, não como opção.

Pilar 5: conhecendo e superando seus medos.

Todo mundo tem **medo** de alguma coisa, não é verdade?

Até os mais metidos a brabos tem lá seus medos.

Mas eu costumo dizer que:

"Medos foram feitos para serem superados."

Se não superados, pelo menos dominados.

Sabe por quê?

Porque **os medos precisam ser superados para que você consiga vencer em qualquer coisa na vida.**

Mas como **superar** ou **dominar** algo que você desconhece?

Por isso é preciso que você identifique quais são esses **sabotadores** (medos) que estão te impedindo de vencer.

Mais importante que isso, é resolver como **você vai vencê-los**.

É aí que entra a *tática de guerra*: **antes de enfrentar um inimigo, você precisa saber seu nome, conhecer seus hábitos e o lugar onde vive.**

Assim, pode ter certeza que vai ser bem mais fácil de você **derrotar seus medos.**

Então, quais são os seus medos? De onde eles vêm? Em que situações eles aparecem? Como superá-los?

Você não vai descobrir no *globo repórter*, vai descobrir aqui, comigo!

Descobrir e superar os seus medos é o último – porém não menos importante – **pilar do autoconhecimento para o sucesso pessoal.**

Acho esse assunto tão importante, que decidi escrever um capítulo só sobre ele.

Na verdade, um capítulo sobre um medo específico: **o medo do fracasso.**

Vamos a ele!

CAPÍTULO 16:
SUPERANDO O MEDO DO FRACASSO

"O medo derrota mais pessoas que qualquer outra coisa no mundo." (Ralph Waldo Emerson)

Você já parou pra se perguntar de onde vêm seus medos ou por que você tem medo de alguma coisa?

A maioria das pessoas não.

Napoleon Hill, em seu lendário livro *"A lei do Triunfo"*, diz que a maioria dos nossos **medos** são adquiridos como **herança social**.

Ou seja: tudo que nos é ensinado; tudo que aprendemos ou adquirimos da observação e das experiências de outras pessoas.

E se tem uma coisa que põe medo nas pessoas, essa coisa é o **fracasso**.

Medo de fracassar na profissão.

Medo de fracassar no casamento.

Medo de fracassar na criação dos filhos.

As pessoas têm **medo de fracassar** em tudo, impressionante!

Mas por que as pessoas têm tanto **medo** do fracasso?

Porque a maioria delas não sabe que o **fracasso não existe**.

O fracasso só existe para aqueles que aceitam as derrotas temporárias como definitivas.

Portanto, se você não aceitar as **derrotas** ao longo do seu caminho, você nunca será um fracassado.

Na verdade, você será um **eterno aprendiz!**

Encarar as **derrotas temporárias** como lições, é a chave para superar o **medo do fracasso** e ter **sucesso** na vida.

Então bota uma coisa na sua cabeça: **não existe derrota, existe aprendizado.**

Assim como não existe **fracasso** para aquele que nunca desiste de **lutar** pelos seus **sonhos.**

"Agradeço todas as dificuldades que enfrentei; não fosse por elas, eu não teria saído do lugar. As facilidades nos impedem de caminhar. Mesmo as críticas nos auxiliam muito."

Esse texto eu coloquei no slide de **agradecimento** da minha dissertação de mestrado, junto com as fotos da minha família (pai, mãe, irmão, sobrinhos e esposa).

Daí já dá pra você ter uma noção de como eu lido com as **derrotas** e **dificuldades** na minha vida, né?

E vou te falar, não foram poucas não.

Lembro até hoje quando eu cheguei em casa, após a defesa da minha dissertação.

Eu pensava: "Cara, você conseguiu!"

Pode ser que pra você, concluir um mestrado não seja nada demais – ou pode ser que sim.

Mas pra mim, foi uma das maiores conquistas da minha vida!

Sabe quantas pessoas têm mestrado no Brasil, em relação a população total? 0,5% da população!

E o moleque pobre, nascido e criado na baixada fluminense, de uma família sem instrução, que estudou em escola pública, desacreditado, conseguiu entrar nesses 0,5%.

Cara, só eu e minha família sabemos o quanto eu tive que lutar pra conseguir isso.

Por isso que dou muito valor sim a essa e todas as conquistas até hoje!

Ao longo do caminho tive **derrotas, dificuldades, decepções, insegurança, humilhação** e tudo mais que você possa imaginar.

Mas sabe uma coisa que nunca me afligiu?

O **medo do fracasso**.

Sabe por quê?

Porque eu me **dedicava** pra caramba e tinha a certeza que eu seria **recompensado**!

Eu estava disposto a fazer tudo que fosse **possível** e **impossível** – de forma lícita claro – pra melhorar a minha vida.

Eu não sabia quando ia dar certo, mas eu sabia que em algum momento ia dar!

Porque eu ia fazer dar certo e **desistir não era uma opção**!

Se você estudar os grandes caras de sucesso da nossa humanidade, vai ver que eles dominaram e superaram muito bem o **medo do fracasso**.

Ou seja: eles não se renderam as **derrotas temporárias**.

Lembra do Thomas Edison? Teve que errar mais de 1200 vezes antes de conseguir inventar a lâmpada elétrica.

Albert Einstein? Era considerado um "péssimo aluno" e completamente "inútil" pelos seus professores, mas acabou se tornando o mais memorável físico de todos os tempos!

Einstein costumava dizer:

> *"Eu tentei 99 vezes e falhei, mas na centésima tentativa eu consegui. Nunca desista de seus objetivos mesmo que esses pareçam impossíveis, a próxima tentativa pode ser a vitoriosa."*

Esses caras, assim como muitos outros, **não cogitavam a hipótese de fracassar**.

Eles tentaram, tentaram e tentaram, até conseguir!

Mas nem todo mundo consegue pensar assim, sabe por quê?

Porque **o medo do fracasso é traiçoeiro**.

Ele chega devagar, sorrateiramente, por meio de um comentário negativo de um pessimista, de uma notícia desanimadora no jornal ou por uma pressão psicológica dos pais, familiares ou amigos.

De forma geral, o medo do fracasso chega pela **sociedade dos fracassados** e vai se impregnando na sua mente sem que você nem perceba.

O fantasma do fracasso é o maior ladrão de sonhos que existe.

Tá na hora de caçar esse fantasma!

Toda vez que o **fantasma do fracasso** vier te assombrar, pensa: **o que de pior pode me acontecer?**

Pensa no pior cenário possível mesmo – não vale pensar na morte porque essa é inevitável.

Se o **medo** é **fracassar** na profissão, por exemplo, qual seria o pior cenário: Ficar desempregado? Voltar a morar na casa dos pais?

Isso é mole de reverter.

Eu poderia citar inúmeras frases pra contextualizar isso, mas vou citar uma do *Sêneca*:

"Sofremos mais na imaginação que na realidade."

Grande verdade. As pessoas ficam sofrendo por um possível fracasso que é muito provável que nem aconteça.

Então não fica imaginando fracasso em tudo que você for fazer, **foca no sucesso!**

Se vai entrar em uma relação, imagina que **vai dar certo** e você vai ser muito **feliz**.

Se vai abrir um negócio, imagina que o seu empreendimento vai ser um **sucesso**.

Lembre-se: **tudo aquilo que a gente foca se expande.**

O medo de perder, vai acabar te impedindo de ganhar.

Não dá esse mole!

Já vi vários alunos **desistindo** de fazer prova, de apresentar TCC ou coisas do tipo, simplesmente por **medo** de uma nota ruim ou uma reprovação.

Aí eu te pergunto novamente: **o que de pior pode acontecer?**

Nessas situações, a pior das hipóteses seria um zero bem redondo ou uma reprovação da banca, não é verdade?

E se isso acontecer, a vida acaba? É o fim do mundo? Você vai ser sacrificado em praça pública?

Tenho certeza que nenhuma dessas coisas irão acontecer.

Existem muitos outros exemplos.

Pessoas que desistem de abrir um negócio com **medo** de fracassar.

Outras têm **medo** de mudar de cidade e não conseguir um emprego.

Muitas se mantêm em empregos que não gostam por **medo** de não conseguir algo melhor.

Medo de fracassar ali. Medo de fracassar acolá. Medo de fracassar em tudo!

E nessa de viver com medo do fracasso, a vida vai passando e os seus sonhos vão indo junto.

Cara, **se você não tentar, você já é um fracassado.**

Agora, se você tentar, errar, quebrar a cara, aprender e seguir lutando em busca dos seus sonhos, **você nunca será um fracassado.**

E eu me atrevo a te dizer que, se você fizer isso, o sucesso é certo!

Portanto, não vale a pena sofrer e deixar o **medo do fracasso** tomar conta de você.

Se você não for bem em uma profissão, existem outras centenas pra você tentar.

Se for reprovado no vestibular, no próximo semestre tem outro.

Se não passar no concurso, terão muitos outros ainda.

Passe a enxergar os **problemas** como oportunidades de **crescimento próprio.**

Você vai ver como sua visão vai mudar completamente e **novos horizontes vão se abrir** na sua vida.

CAPÍTULO 17:
CONTINUA...

"Lembre-se que as pessoas podem tirar tudo de você, menos o seu conhecimento" (Albert Einstein)

Eu nunca gosto de colocar "fim" ao final de minhas aulas, então no meu livro não seria diferente.

Aprender, é algo que fazemos desde o nascimento até a morte.

Portanto, o conhecimento não tem fim.

Como dizia Paulo Freire:

"Onde há vida, há inacabamento."

E você tá indo muito bem na sua viagem pela estrada do conhecimento, parabéns!

Você conseguiu terminar de ler um livro completo, coisa que a metade população brasileira não faz.

Sabe quantos livros completos a população brasileira lê por conta própria ao ano?

Aproximadamente 2,5 livros – segundo uma pesquisa feita pelo IBOPE em 2016.

Cria isso um hábito na sua vida e depois você me conta o resultado, beleza?! Duvido você se arrepender!

Lembre-se: **a leitura te proporciona independência e liberdade para aprender o que você quiser.**

Ao decorrer desse livro, eu compartilhei com você muitas dicas e hábitos que mudaram a minha vida.

Estudar mudou minha vida!

E eu espero sinceramente que esse livro ajude a mudar a sua também.

Eu torço por isso!

Há aproximadamente 12 anos atrás, quando entrei na faculdade e decidi estudar de verdade, eu transformei minha vida de uma forma que nem eu imaginava.

Hoje eu sou uma pessoa muito melhor, graças a essa decisão.

Não sou rico, mas vivo muito bem, graças a Deus.

Sou muito mais inteligente financeiramente e emocionalmente.

Sou gestor do meu tempo, das minhas emoções e, sobretudo, da minha felicidade.

Eu decidi que não ia entregar minha vida nas mãos do acaso ou da sorte.

Eu corri, lutei, batalhei, errei, errei novamente, perdi e....... **venci!**

E ainda tem muita coisa por vir, é só o começo!

A vida é muito boa cara, não vale a pena viver por viver.

E se eu estou conseguindo realizar os meus sonhos, você também consegue!

E como eu te disse várias vezes ao decorrer do livro, você não precisa fazer faculdade ou ser um gênio pra mudar sua vida por meio dos estudos.

Você só precisa querer!

Vai com tudo em busca da sua felicidade e realização pessoal!

Não deixa essa sociedade medíocre limitar os seus sonhos e privar você de tudo de bom que a vida tem pra oferecer.

O parque da vida tá te esperando de braços abertos, divirta-se!

Grande abraço

Alex Oliveira

Sobre o Autor

Alex Oliveira é mestre em Ciências da Reabilitação e graduado em Fisioterapia pelo Centro Universitário Augusto Motta (UNISUAM-RJ), instituição no qual leciona atualmente.

É sócio-especialista pela Associação Brasileira de Fisioterapia Traumato-Ortopédica (ABRAFITO) e membro da Sociedade Brasileira para o estudo da dor (SBED).

Já escreveu diversos artigos científicos em sua área de atuação e agora está realizando o sonho de se tornar escritor de obras literárias de não-ficção.

Alex foi nascido e criado na baixada fluminense, uma área pobre do estado do Rio de janeiro.

Seu maior objetivo é ajudar os jovens brasileiros a conseguirem uma vida melhor – assim como ele conseguiu – e mostrar que a educação ainda é o melhor caminho para transformar vidas.

PENÚLTIMO PEDIDO....

Se você curtiu o conteúdo desse livro, queria te pedir pra deixar sua avaliação lá no site da amazon.

Como sou escritor iniciante e independente, se você fizer isso, vai me ajudar muito na divulgação do livro e eu vou ser muito grato a ti!

Pode deixar sua dica, sugestão ou crítica. Eu leio todas as avaliações e fico muito feliz com esse *feedback!*

ÚLTIMO PEDIDO....

Escrever esse livro já foi a realização de um sonho, como eu te disse lá no início, lembra?

Mas eu sou um cara sonhador, ainda tenho muitos e muitos sonhos!

Um desses sonhos, é criar a *"Fundação Estuda Que a Vida Muda!"*.

Quero muito, muito mesmo, ajudar outros jovens a mudarem suas vidas – principalmente os menos favorecidos.

Não dá pra ficar de braços cruzados vendo eles levarem uma vida abaixo da mediocridade, não acha? Tem muita gente boa aí nesse mundo se perdendo!

Eu, você e toda pessoa de bem, temos que ajudar de alguma forma.

Se continuar do jeito que tá, que futuro vamos ter? Dá até medo de pensar.

Esse livro, de certa forma, já é uma das minhas tentativas de mudar essa geração.

Mas, infelizmente, muitos jovens sequer vão ter a oportunidade de lê-lo. E é nesses que eu quero chegar!

Então, se você puder me ajudar a divulgar o livro pra sua rede de amigos e conhecidos, vou te agradecer muito!

Isso vai ser fundamental para a criação da fundação!

Vamos juntos nessa? Conto contigo, hein!

Se quiser saber mais sobre esse projeto, pode me mandar um e-mail ou mensagem que eu te explico com maior prazer.

E, mais uma vez, obrigado e parabéns por buscar melhorar sua vida!

Se quiser bater um papo, fazer alguma sugestão ou pedir alguma dica, pode mandar um e-mail para estudaqueavidamuda@hotmail.com, alexoliveira06@hotmail.com ou me procurar nas redes sociais:

Instagram pessoal: @alexoliveiraft

Instagram profissional: @estudaqueavidamudaoficial

Grande abraço e fique com Deus!

Made in United States
Orlando, FL
09 February 2025

58282110R00090